KB043739

경기 광주

D

D

대한민국 도슨트
한국의 땅과 사람에
관한 이야기

14

경기 광주

황병욱 지음

21세기북스

남한산성 입구

차례

경기 광주 지도

하남시

장경사

남한산성 **1**

18

남한산성 옛길 **2**

남한산성면

성남시

탄벌동

광주시청 ●

송정동

경안천

경안시장

이택재 **12**

11

쌍령동

광남1동

광남2동

경안동

스테이지원

10

오포1동

오포2동

신현동

능평동

7 능골삼거리

용인시

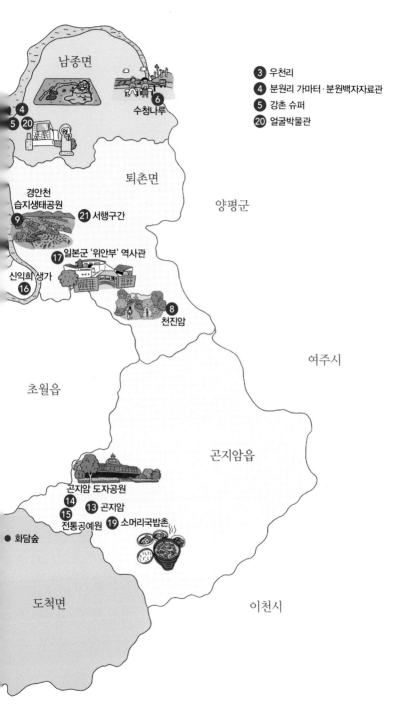

③ 우천리
④ 분원리 가마터·분원백자자료관
⑤ 강촌 슈퍼
⑳ 얼굴박물관

남종면

⑥ 수청나루

④
⑤ ⑳

퇴촌면

양평군

경안천
습지생태공원
⑨ ㉑ 서행구간

⑰ 일본군 '위안부' 역사관

신익희 생가
⑯

⑧ 천진암

여주시

초월읍

곤지암읍

곤지암 도자공원
⑭ ⑬ 곤지암
⑮ ⑲ 소머리국밥촌
전통공예원

● 화담숲

도척면

이천시

심적인 안정을
얻을 수 있는 곳, 광주

광주에 발을 들여놓은 때가 1991년이다. 고스란히 청년기를 이곳에서 보냈다. 도시에서 쫓겨나듯 밀려난 곳. 버스 노선이 한 대 다니는 곳에 겨우 살을 붙였다. 하지만 이내 가족은 뿔뿔이 흩어졌다. 눈이 내리면 오르지도, 내려가지도 못하는 고개에서 버스는 한참을 서 있었다. 성남에서 비가 내리면 여기는 눈이 왔다. 부모님은 이곳에서 세상을 떠났고, 부모님이 사라진 곳에 여전히 나는 살을 붙이고 살고 있다.

사람들이 물어볼 때마다 '광주'라고 얘기하면 어김없이 "전라도 광주요?" 한다. 나는 다시 '경기 광주'라고 정정한다. 같은 이름이라 헷갈릴 수도 있겠지만 앞에 '경기'라는 수식어를 붙이지 않으면 '광주(廣州)'는 고스란히 '광주(光州)'가 된다.

교통편이 어지간히 안 좋았던 이곳에 아파트가 들어섰다. 길도 새로 깔렸다. 이제는 산꼭대기까지 빌라가 빽빽하다. 출퇴근 시간이면 어김없이 정체가 이어진다. 한적해서 답답했던 이곳이 이제는 집과 차들로 답답하다.

하지만 광주만큼 자연과 함께 어울리는 곳도 없다. 숨어 있는 길들을 따라가다 보면 마치 숲이 우거진 강원도 깊은 내륙으로 들어가는 착각을 일으킨다. 그러다 대로를 만나면 이내 도시와 마주한다.

짧지 않은 시간을 이곳에서 보냈고, 많은 이야기들을 흘려보냈다.

내가 광주에 대해 아는 것이 얼마나 있을까. 가장 힘겨웠던 시간을 보낸 곳, 어렵게 하루하루를 털어 내며 잠자리에 들었던 곳. 숨어 있기에 좋았던 이곳을 끄집어내기 위해 곳곳을 탐색했다. 내가 살고 있는 곳이 이렇게 안정적이라니. 그렇다. 광주는 안정적이다. 변화도 있겠지만 그동안 나는 무척 심적인 안정을 얻었다. 밖으로 나갈 생각이 없다. 여전히, 그리고 앞으로 이곳 광주에 머무를 것이다.

광주에서
황병욱

광주 산수로의 벚꽃

역사와 종교, 문화가 움텄던 선비 같은 고장

경기도 광주는 '너른 고을'이다. 그만큼 넓은 지역이 광주였다. 얼마나 넓었기에 너른 고을이라고 했을까.

조선시대로 넘어가 살펴보면 정조 13년(1789) 이전에 광주는 24개의 면이 있었다. 이때 수원 읍치를 수원성으로 이전하면서 송동면과 일용면이 수원으로 편입되었다. 고종 32년(1895)에는 월곶면, 북방면, 성곶면이 안산으로 넘어가면서 19개 면이 되었고, 이후 일제강점기인 1914년 행정구역 개편 때 의곡면과 왕륜면을 수원에, 초부면을 양주군으로 이관시키면서 16개 면으로 줄어들었다.

현대에 들어와 1963년에는 서울 강남, 송파, 강동, 서초

구에 해당되는 언주면, 중대면, 구천면 전체와 대왕면 일부가 떨어져 나갔다. 1973년에는 대왕면, 낙생면, 돌마면 전체와 중부면 단대리, 상대원리, 탄리, 수진리, 복정리, 창곡리 등 6개 리가 성남시로 편입되었다. 또 1989년에는 동부읍과 서부면이 하남시로 편입되었다.

현재 광주는 1789년 이전에 있던 24개 면에서 도척, 퇴촌, 남종, 남한산성 면 등 네 개 면만 남았다.

지도를 펼쳐 보면 광주는 작다. 작은데 넓을 광(廣)을 쓰고 있다. 지역이 좁아지는 것을 보면 광주가 위축이 되는 것 같지만 그렇지 않다. 상수원 보호구역으로 인해 개발이 제한되어 있어 발전이 더딜 수 있겠지만 광주는 조금 느리게 나아가고 있을 뿐이다. 빠른 변화가 좋은 것만은 아닌 것처럼 광주는 더디지만 새롭게 거듭나고 있다.

다이어트 광주

광주는 그동안 비대한 지방을 빼듯 홀쭉해졌다. 24개 면이었던 행정구역이 네 개 면으로 줄어들었는데 그 이유는 지리적 특성 때문이다. 삼국시대 때 광주는 고구려, 백제, 신라 사이에 끼어 있었다. 백제 땅이었다가 고구려 땅이었다가 신라가 통일을 하고, 고려가 세워지고 조선이 들어서면서 다양한 변화에 몸살을 앓았다.

광주(廣州)라는 명칭은 고려 태조 23년에 처음 붙여졌다. 넓은 지역을 갖고 있었다는 뜻이다. 조선에 들어와 수차례 전쟁을 치르면서 광주의 남한산성은 중요한 역할을 했고, 왕실 도자기를 생산하는 관요가 광주에 만들어졌다. 또한 일제강점기 때에는 남한산성이 의병항쟁의 중심이 되기도 했다.

산업화, 도시화를 거치면서 그 넓던 행정구역이 하남과 성남시로 분리, 독립되어 나갔고, 수도권 상수원을 책임지는 위치에 놓이게 되었다.

광주는 서울과 지방을 이어주는 교통의 요충지였다. 한양과

남한산성 행궁 앞 산성로터리 옛 모습 1980년대 행궁 앞 사진이다. 행궁은 도성 밖에 있는 궁궐로 임금이 외부 행차를 할 때 머무는 곳인데 남한산성 행궁은 단순 거처가 아닌 종묘와 사직이 좌우에 있어 특별하게 집무실 개념이 크다.

부산을 이어주는 동래로가 조선시대에 있었고, 지금은 중부고속도로가 지나고 있다. 영동고속도로가 생기기 전까지 속초를 가려면 광주를 지나 양평, 홍천을 거쳐 미시령을 넘어야 했다.

어떻게 보면 현재 광주는 앙상한 뼈대만 남았다고 볼 수도 있다. 넓게 자리했던 지역들이 제살 물어뜯듯 떨어져 나갔고, 인접해 있는 행정도시(성남, 용인)에 비해 위축된 모습을 하고 있다. 하지만 광주의 자의적이지 않은 다이어트는 이제 그만이다. 서서히 기운을 차리고 있다. 식음을 전폐하고 웅크리고 있었던 시절은 이제 끝났다. 앙상한 뼈대만 남은 것이 아니라 알곡이 꽉 찬 든든한 심장으로 새롭게 뛸 준비를 끝냈다. 2001년에는 광주군에서 광주시로 승격이 되었고, 2014년에는 남한산성이 유네스코 세계 문화유산으로 지정되었다. 끊임없이 새로운 인구의 유입으로 오포면을 비롯한 초월면, 실촌면(현 곤지암읍)이 읍으로 승격되었고, 2022년에는 오포읍이 네 개 동으로 분리되는 등 내실이 튼튼해지고 있다. 광주는 새로운 발판을 기점으로 잔뜩 웅크렸던 몸을 기지개를 켜듯 서서히 꿈틀거리고 있다.

세계 문화유산의 도시

남한산성을 모르는 대한민국 국민은 없다. 한 번도 와본 적은 없을지라도 한 번은 들어 봤다. 또한 남한산성이 유네스코 세계 문화유산으로 지정된 것도 누구나 알고 있다. 세계 문화유산을 간직한 곳이 바로 광주다.

672년 신라 문무왕 때 주장성(晝長城)을 쌓았다는 기록이 있다. 신라가 삼국을 통일한 후였다. 독자적으로 통일을 이룰 수 없어 당나라와 연합한 신라는 통일 이후 당나라와의 전쟁을 준비해야 했다. 그때 쌓은 성이 주장성이다.

주장성을 남한산성으로 보는 이유는 성벽 조사와 남한산성 행궁 발굴조사 때 통일신라시대의 건물지와 축성기법이 나왔기 때문이다. 성벽을 조사한 결과 조선시대 인조가 쌓은 축성기법과 다른 축성기법이 발견되었다. 면석과 면석 사이를 채워 다지는 뒤채움의 두께가 1~2m로 얇은 조선시대 축성기법에 비해, 성벽의 높이만큼 성벽을 사다리 모양으로 돌을 쌓고 안쪽을 흙으로 다지는 신라시대 축성기법이 발견된 것이다.

행궁에서 발견된 건물터는 통일신라시대 건물 중 최대 규모이다. 잘 다듬은 초석과 기단석이 사용되었고, 건물의 벽 두께가 2m, 기와 한 장의 무게가 20kg(조선시대 기와의 무게는 약 4kg)인 대형 기와를 사용하였다.

『조선왕조실록』을 살펴보면 선조 26년(1593)부터 남한산성이라는 명칭이 나온다. 도성의 방어체계를 위해 남한산성을 수축하자는 의견은 이전부터 수없이 나왔지만 전부 탁상공론에 머물렀고, 인조 때 와서야 대규모 수축이 이루어졌다. 그리고 병자호란 이후 정조 때 소규모 보수를 했다.

남한산성을 비롯하여 광주는 유구한 역사와 문화를 간직하고 있는 곳이다. 광주에는 나라에서 관리하는 사옹원 분원이 있었다. 조선시대 마지막 관요가 광주에 있었고, 관요에서 생산된 백자는 왕실에서 사용되었다. 광주에 관요를 설치할 수 있었던 이유는 백토와 교통 때문이었다. 백자를 만드는 데 절대적으로 필요한 백토가 넓은 광주 땅에 풍부했었고, 남한강과 북한강, 경안천이 만나는 곳이 광주였기 때문에 가마에 필요한 땔감을 비롯하여 다양한 물자 수송이 용이했다. 실제로 광주에는 300개가 넘는 가마터가 있었고, 왕실 도자기 제작으로 인해 전국의 도자기 생산 판도가 달라지기도 했었다.

광주를 다니다 보면 시끄럽게 떠벌리거나 요란하지 않다. 점잖고, 무게가 느껴진다. 묵묵히 학문을 닦고, 무예를 익히고, 외유내강을 충실히 연마하는 선비 같다. 아마도 역사의 질곡을 겪으면서 침묵의 무게가 얼마나 중요한지도 모른다. 쉽게 움직이지 않는 결정은 신중하게, 고민은 심도 있게, 그러면서 존중과 배려, 포용을 잊지 않는 자세로 세상을 바라보고 있다. 세계 문화유산의 도시답게.

남한산성 경기도 광주시 남한산성면 산성리에 있다. 발해와 통일신라가 병존했던 남북국시대인 7세기 후반부터 10세기 초반 사이에 축조되어 조선시대에 수도 한양을 지키던 산성이다. 1985년 지표조사를 시작으로 이후 여덟 차례에 걸쳐 행궁터, 인화관터, 성벽 일부에 대한 발굴 조사가 있었다. 사진은 1980년대에 남한산성의 성곽을 보수하는 모습이다. 2014년 6월 22일에 세계 문화유산으로 지정되었다.

남한산성의 탄생

인조가 병자호란을 예견했을까? 조선 건국 이후 몇 차례 논의만 있었고, 실제로 이루어지지 않았던 남한산성 복구를 왜 갑자기 인조는 실행했을까? 인조가 남한산성을 개축하는 데에는 이유가 있었다.

임진왜란이 끝나고 선조가 승하하고 뒤를 이어 광해군이 왕좌에 올랐다. 전란 후 어수선해진 나라 안팎의 상황을 정비하는 것이 광해군에게 주어진 과제였다. 광해군은 나름 정치적 기조를 가지고 있었다. 외교 정치는 어느 쪽에도 기울이지 않는 중립외교를 펼쳤다. 명과 후금으로 갈라진 중국의 형세에 어느 쪽과도 손을 잡거나 대치하지 않았다. 선비의 나라답게 명분을 내세우면서 동시에 실리를 신중하게 따졌다. 또한 대동법과 호패법을 실시하여 피폐해진 국내 정세도 바로잡아 나갔다.

당시 정치판은 크게 세 개로 나뉜다. 서인, 남인, 그리고 임진왜란 때 공을 세운 북인 세력. 이 중에 북인은 내부 결속력이 현저히 떨어졌다. 북인은 대북과 소북으로 갈라졌다. 왕좌는 하나요, 왕좌를 움직이고자 하는 세력은 세 개였다. 여당이 되어야 나라의 주인인 임금을 차지할 수 있었다.

광해군은 임진왜란 때 공을 세운 북인들을 대거 등용했다. 불안했던 왕권을 튼튼히 하기 위해 계축옥사(癸丑獄事)를 하면서 서인과 남인을 몰아내고 대북파를 밀어줬다. 대북파가 곧 권력의 핵심으로 떠올랐다.

정치권력의 중앙에서 밀려난 서인들은 불만이 이만저만 아니었다. 자신들의 뜻대로 되지 않고, 자신들을 압박하는 광해군의 정치 노선이 무척이나 불쾌했다. 하고자 하면 어떤 것이든 이유를 만들어 낼 수 있다. 정통 혈통. 서인들은 광해군이 빈의 자식이라는 점을 내세워 반정을 꾀했다. 하지만 번번이 발각되어 제대로 실행할 수 없었다. 이때 마음이 급해진 사람이 능양군인 인조였다. 기회를 틈타 반정을 일으키려고 했지만 더 이상 기다릴 수만은 없었다. 인조는 애초에 마음먹었던 대로 군사를 이끌고 정변을 일으켰다.

급하게 움직이는 발자국 소리와 궁궐 밖에서 들려오는 함성에 광해군은 급히 의관 안국신의 집으로 몸을 피했다. 하늘 아래 몸 하나 감출 곳이 없었을까. 반정을 일으킨 무리가 광해군을 찾아냈고, 곧이어 인조의 숙청이 단행되었다. 광해군은 쓸쓸히 강화도로 떠나는 배에 올랐고, 인조는 광해군이 유폐시킨 인목대비의 존호를 다시 원상복귀시켰다. 이로써 서인의 전폭적인 지원을 받은 인조가 왕위에 오르게 되었다. 세상이 바뀌었다. 대북파는 산산조각 났고, 인조를 앞세운 서인이 그 자리를 차지하게 되었다.

인조를 왕좌에 앉혀 놓고 서인이 득세하자 이전까지의 정치 노선을 싹 갈아엎었다. 광해군이 중요시했던 중립외교가 무너졌다. 어느 한쪽으로도 기울이지 않았던 팽팽한 줄다리기에서 서인은 과감히 후금을 버리고 명나라의 끈을 잡았다. 이것이 후에 조선에 어떤 결과를 초래할지 그때는 아무도 몰랐다.

조선이 친명배금책(親命排金策)을 펼치자 후금은 가만히 있지 않았다. 후금 입장에서는 항상 예를 갖추던 조선의 배신이었다. 인조는 왕위에 올랐지만 불안했다. 내부의 압박도 있었지만 외부의 압박도 무시할 수 없었다. 인조는 왕권을 지키고 싶었다. 내부건 외부건 도성이 무너지면 끝이었다. 유사시에 왕실을 지킬 수 있는 안전한 장소가 필요했다. 개국 초기부터 있어 온 남한산성의 개축을 인조는 공론화시켰다. 하지만 이도 쉽게 풀리지 않았다.

인조반정 때 큰 공을 세운 인물 중에 이괄(李适)이 있었다. 반정 이후 공로를 인정받아 한성부 치안을 담당했지만 김유 등의 서인들이 그를 마뜩하지 않게 바라봤다. 반정에 참여한 공신에게 내리는 논공행상에서 이괄은 서인들보다 한 등급 아래에 머물렀다.

이괄은 목숨 바쳐 이룬 왕조에서 밀려나는 느낌을 받았다. 새 세상의 중심이 될 줄 알았는데 오히려 변방으로 밀려나다니. 서인들은 여기서 멈추지 않았다. 이왕 할 거면 확실하게 끝을 보는 것이 좋았다. 싹은 아예 뿌리째 뽑아버려야 속이 시원했다. 경계하면서 지켜만 보는 것이 아니라 아예 눈에서 치워버려야 한시름 놓을 수 있었다.

서인들은 이괄이 역모를 꾀한다고 모함했다. 이를 들은 조정에서는 이괄의 주변 인물들을 잡아들여 고문하기 시작했다. 서인들은 더 기세가 올라 이괄을 잡아와 역모를 꾀한 죄를 엄중히 물어야 한다고 했지만 인조는 무덤덤하게 반응했디.

하지만 서인들의 의견을 무시할 수 없었던 인조는 이괄 대신 이괄의 아들을 잡아오라는 명을 내렸다.

대문을 박차고 군사들이 들이닥치자 이괄은 칼집에서 칼을 빼들었다. 아무리 한 나라의 임금이라 할지라도 혈육을 멸하겠다는 명을 따를 수 있을까. 게다가 누구의 도움으로 지금의 왕좌에 올랐는가. 이괄의 칼이 허공을 갈랐다. 인조의 명을 받고 이괄의 아들을 압송하러 온 자의 목이 땅에 뒹굴었다. 이괄은 군사를 이끌고 지체 없이 한양으로 향했다. 기다려라, 허수아비 임금 인조, 그리고 사리사욕으로 가득 찬 서인 놈들.

소식을 들은 인조는 급하게 공주로 피신했다. 도성에 입성한 이괄은 기다리고 있던 토벌대에 무참히 짓밟혔다. 정치 세력이 꾸민 모함에서 시작된 이괄의 난은 이렇게 수포로 돌아갔다. 인조가 공론화한 남한산성 개축 문제를 담당하던 광주 목사 임회(林檜)가 이괄의 난 때 죽었다. 이로써 남한산성 복구 문제는 다시 원점으로 돌아왔다.

자신이 일으킨 반정과 이괄이 일으킨 난, 그리고 후금의 위협이 심상치 않았던 인조는 다시 도성 수비 강화의 필요성을 제기했다. 신료들의 예부터 있어 온 강화도를 집중해서 더 튼튼히 해야 한다는 의견과 남한산성을 지금이라도 개축하여 새로운 방어 전략을 세워야 한다는 의견이 팽팽히 맞섰다. 결국 남한산성의 전략적, 지리적 요건과 지세의 장점을 바탕으로 남한산성 개축에 무게가 실리면서 남한산성 개축이 이루어졌다. 인조 때 대규모 개축이 이루어졌고, 병자호란 이후, 그리고 정조 때 다시 개축이 이루어졌다. 이로써 현재의 남한산성이 탄생했다. 그리고 지울 수 없는 치욕의 역사도 함께 꿈틀거리며 돋아났다.

남한산성 남문 앞 1980년대 남한산성 남문 모습이다. 그때는 남문 바로 옆에 구멍가게가 있었다.

맛과 멋, 최초의 배달 해장국

광주에는 음식명을 내세운 마을이 있다. 그중에 붕어마을은 팔당호가 생기면서 팔당호에서 낚은 붕어로 붕어찜을 요리해 유명해졌다. 지금은 팔당호에서 낚시가 금지되어 다른 곳에서 공수해 오지만 맛은 여전히 유지하고 있다. 붕어마을의 붕어찜은 1970년대부터 이어져 온 곳이라 역사와 전통을 자랑하고 있다. 이제는 신식 건물로 개량을 할 만한데 여전히 예전

김자수 선생 비석 광주에는 많은 인물들이 잠들어 있다. 문신으로서는 최초로 삼군도진무 (三軍都鎭撫)였던 맹사성부터 집현전 8학사 중에 한 명으로 훈민정음 창제에 공을 세운 최항, 고려 유신이었던 김자수. 조선왕조의 개국공신인 김균, 이성계의 8남으로 태어나 왕자의 난으로 유배를 갔다가 이후 이방원의 명으로 목숨을 잃은 의안대군 등 역사적 인물들이 안장되어 있다.

모습 그대로를 간직하고 있다.

남한산성의 먹거리는 무엇일까. 당연 남한산성 하면 백숙
이다. 남한산성 음식점은 대부분 2~3대째 이어져 오고 있기
때문에 최소 100년 이상의 역사를 가지고 있는 곳도 있다. 남
한산성으로 피난을 온 인조가 마지막으로 받은 수라상이 백숙
이었다. 인조는 비통한 심정으로 닭다리 하나만 겨우 먹었다
는 이야기가 전해진다.

남한산성 식당의 장점은 개울이 흐르는 곳에 있다는 것이
다. 붕어마을이 수려한 팔당호의 풍경을 안고 있다면, 남한산
성의 식당은 작은 개울 물소리를 담고 있다.

광주 전통 음식 중에 '효종갱'이라는 것이 있다. 효종갱은
일명 양반들의 해장국이었다. 새벽 효(曉), 쇠북 종(鐘), 국 갱
(羹)으로 '새벽종이 울릴 때 먹는 국'이라는 뜻이다. 산성에서
밤새 끓이다가 새벽녘 통행금지 해제를 알리는 33번의 파루
(罷漏) 종이 울리면 한양 사대문 안의 양반집으로 배달했던 음
식이었다. 맛이 일품이라 양반집에서 주로 배달시켜 먹었다
고 한다. 현재로 치면 최초의 배달 해장국인 셈이다. 갈빗국
에 영양가가 높은 해물과 버섯, 배추속대, 콩나물 등 18가지
재료와 토장을 섞어 오래 끓였기 때문에 소화도 잘 되고, 고춧
가루나 고추장을 많이 쓰지 않아 담백하며 부드러워 쓰린 속

을 달래기에 그만이다. 하지만 그만큼 가격이 비싼 편이다.

퇴촌에는 토마토가 유명하다. 토마토 비닐하우스가 즐비하고, 토마토 축제를 매년 연다. 그 밖에 깔끔한 한정식 식당과 장작구이 바비큐를 즐길 수 있는 곳도 있다. 골목골목, 굽어진 산길을 가다 보면 의외의 곳에 예쁜 카페들도 숨어 있다. 대규모 식당이 아닌 소규모 식당은 가족이 운영하는 곳이 많다. 연세 드신 부모님과 자식이 함께 가게를 운영하고 있기에 그만큼 맛은 물론이고, 위생도 청결하고, 좋은 재료를 사용한다.

광주가 수도권에 가까이 있지만 알려지지 않은 것처럼, 광주 안에는 멋스런 음식과 풍경이 가득하지만 알려지지 않았다. 광주 시내에서 양평으로 넘어가는 338번 도로와 88번 도로는 싱그러운 봄 햇살에 벚꽃이 흐드러지게 피는 길이다. 4월 초 벚꽃이 한창일 때 드라이브 코스로 제격이다.

맛과 멋, 그리고 풍류를 품고 있는 곳이 광주다.

신구의 조화

2000년대 초까지 광주에는 슬레이트 지붕에 흙벽으로 지은 집이 있었다. 흙으로 지은 낡은 집에 가족이 살고 있고 초등학교는 곧 폐교의 위기에 놓였고, 도로는 왕복 2차선도로에 버스 노선이 하나뿐인 곳도 있었다. 도시가스와 수돗물이 들어

오지 않아 LPG 가스와 지하수를 사용했던 곳도 많았다. 여름에 가뭄이 들면 지하수에 물이 없어 짧게는 몇 시간, 길게는 하루, 이틀 동안 물을 사용할 수 없었던 날도 있었다. 언젠가는 흔적도 없이 사라질 것 같은 마을.

흙으로 지은 집에 살던 사람들이 떠났다. 사람이 떠난 집은 날이 갈수록 쇠퇴해졌다. 무성한 잡풀이 우거지고, 흙벽은 갈라져 떨어져 나갔다. 언젠가부터 흉측한 폐가가 되어버린

흙벽 집 무너지지 못하고 간신히 버티고 있던 슬레이트 지붕의 집들이 2020년 초반까지 광주 곳곳에 있었다.

집을 밀어버리고 반듯한 빌라가 들어섰다. 광주 시청을 중심으로 하남, 성남, 용인 등 인근 도시로 이어지는 넓은 도로가 닦였다. 전철이 들어오고, 도속도로가 지나간다. 대형 식자재 마트가 곳곳에 생기고, 아파트 단지가 형성됐다. 폐교의 위기에 놓였던 초등학교는 새로 입학하는 병아리들로 북적인다. 초등학교를 비롯하여 중학교, 고등학교가 개교했다. 없어질 것 같았던 마을은 새 옷으로 갈아입었다.

외부에서 인구가 유입되면서 비어 있던 광주 땅을 촘촘히 채우고 있다. 기존에 살고 있던 토박이들은 순식간에 오른 땅값에 휘청거렸다. 있는 땅 없는 땅 다 팔고 떠난 사람이 있는가 하면, 땅을 담보로 건물을 올려 세를 받거나 빌라를 지어 팔거나 세를 놨다. 반대로 급작스럽게 닥쳐 온 행운 속에 숨은 불운을 미처 보지 못해 이전보다 더 악화된 가족도 있었다.

광주가 발전하기 전에 미리 대규모 땅을 사 별장처럼 사용하는 대기업 회장도 있고, 소문 듣고 들어온 유명 연예인도 있다. 서울에서는 꿈도 꾸지 못하는 전원마을단지가 형성되고, 꿋꿋하게 지켜 오던 문중 땅을 임대해 주는 곳도 생겨났다.

젊은 층의 유입으로 마을에서부터 작은 변화가 일었다. 예쁜 가게가 생기고, 유명 브랜드 커피숍들이 들어섰다. 버스 노선이 늘었고, 아이들을 위한 학원과 도서관이 개관했다. 마을을 대표하는 이장 선거철이면 신구(新舊)의 선거전이 벌어진다.

어찌되었든 광주는 젊고 새로워지고 있다. 새로 유입되는 젊은 인구로 문화, 복지, 생활, 주거 환경 등이 윤택해지고 있다. 그렇다고 급작스럽게 변하는 것은 아니다. 소소한 변화가 곳곳에 일어나고 있으며, 작은 변화로 마을의 분위기가 한층 밝아지는 곳이 광주다.

산업과 문화의 공존

광주의 최대 장점이라고 하면 어디든 빠르고, 편하게 갈 수 있다는 점이다. 서울은 버스나 지하철을 타면 1시간이 채 걸리지 않는다. 양평을 지나 동해로 가거나 수원을 거쳐 서해로 가거나 아니면 중부고속도로나 경부고속도로, 광주-원주 고속도로, 포천-세종 고속도로를 이용하여 강원, 경남, 전남, 충청, 남해 등 어디든 쉽게 갈 수 있다. 새롭게 도로가 뚫리면서 출퇴근 거리도 수월해졌다. 용인, 분당, 성남, 수원, 서울 등 어디든 출퇴근이 용이하다. 조선시대부터 남한산성은 교통의 요충지였고, 현재도 교통의 중심에 있다.

광주에는 가구공장이 많다. 대규모 가구단지부터 개인이 운영하는 디자인 가구 갤러리, 엔틱가구점과 수입가구를 전문적으로 파는 곳도 있다. 국내 유명 브랜드 가구점도 곳곳에

광주 원당리의 벚꽃 봄이 되면 광주 곳곳에 벚꽃길이 열린다. 벚꽃이 흐드러지게 핀 주말이 되면 광주 시민뿐만이 아니라 다른 지역에서도 벚꽃길을 찾아온다.

있어 언제든지 시중가보다 저렴한 가격에 가구를 구입할 수 있다. 그러다 보니 물류창고가 많다. 최근에는 빈 물류창고를 개조하여 커피숍으로 오픈한 곳도 있다. 서울의 을지로 공구상가나 충무로 인쇄골목에 있는 특이한 카페처럼 독특하고 개성을 지닌 커피숍들이 생겨났다.

산업과 문화가 공존하고, 자연과 환경이 어우러진 곳이 광주이다. 그동안 다이어트를 하느라 더뎠던 개발로 아직 강원도 산골처럼 숲이 우거진 산길도 있다. 대로보다는 미로처럼 나 있는 옛길을 이용하면 좀 더 한가롭고, 여유로운 광주를 만날 수 있다.

광주는 역사의 현장이면서 종교와 문화가 움텄던 곳이다. 남한산성은 잊을 수 없는 치욕의 역사를 보존하고 있고, 일본군 '위안부' 역사관은 일본이 저지른 만행의 진실을 간직한 곳이다. 천진암은 전 세계에서 유례없이 자발적으로 천주교가 태동한 곳이다. 또 조선시대 관요가 있었던 곳으로 광주시 전체가 도요지나 마찬가지다. 화려한 도시나 번잡한 관광의 도시라기보다 사색을 통해 성찰의 과정을 느낄 수 있는 곳이다. 광주가 무엇을 보여주기보다는 우리가 무엇을 봐야 하는지 일깨워 주는 곳이다. 그러기에 광주는 넓을 수밖에 없고, 빛날 수밖에 없다.

01

남한산성

최후의 항전

상황이 급박해졌다. 잇따른 전령의 보고에 의하면 이미 강화도로 가는 길목이 막혔다. 강화로 가면 충분히 승산이 있을 텐데, 어쩐다. 머리가 지근거렸다. 전란에 대비해 강화도를 대비책으로 마련했건만……. 청은 치밀하게 전쟁 준비를 해왔던 것일까. 강화도로 피신할 줄 알았단 말인가. 광해도 이런 심정이었을까? 몸 둘 곳 없이 도망가야 하는 상황에서 광해는 무엇을 떠올렸을까. 아니다. 그때와 지금은 다르다. 내부의 적이 아니라 외부의 적이다. 꼭 강화도가 아니라 어디에서든 버티기만 하면 전국의 장수들이 나를 구하러 올 것이다. 어린 백성들이 불같이 일어나 야만족들에게 짓밟힌 국토를 되찾고, 임금인 나를 구하자고 목청껏 외칠 것이다. 그래, 남한산성이 있다. 또 다른 방비책으로 남한산성을 수축하지 않았던가. 가자, 남한산성으로. 내가 무너지면 조선이 무너지는 것이다. 아직 소식을 접하지 못한 장수들이 조선을 구하러, 나를 구하러 남한산성으로 몰려올 것이다. 그때까지만 버티면 된다. 나는 지금 도망이 아니라 충신들을 맞이하러 가는 것이다. 조선은 무너지지 않는다.

병자호란과 남한산성

인조가 조선의 권좌를 차지하고 외교정책으로 친명배금책을 내놓고, 이괄의 난을 제압하는 사이 후금은 몽골을 무너뜨리고 대원제국의 옥새를 손에 넣었다. 다음 목표는 두말할 것 없이 명나라였다. 후금은 홍타이지를 황제에 추대하는 데 조선이 동참하기를 바랐다. 이는 명나라와 군사적 동맹을 맺고 있는 조선을 먼저 회유하려는 전략이었다.

홍타이지는 국호를 후금에서 청으로 바꾸고, 조선에 사신을 보내 자신의 황제 등극에 동참하고, 형제의 의를 맺기를 제의했다. 조선의 입장은 난처했다. 세력이 커지고 있는 청의 손을 잡아야 하지만 그렇다면 임진왜란 때 원군을 보내준 명에 대한 대의명분을 상실하게 된다. 명예와 예를 중요시 여겼던 시대에 의를 저버리는 일은 목숨을 잃는 것보다 더 큰 수치였다. 조선의 대답은 간단했다. 노!

어느 정도 예상은 하고 있었지만 조선의 단호한 거절에 청은 분노했다. 명나라 이전에 조선을 먼저 제압해야 했다. 이미 정묘호란을 경험해 본 터라 청은 치밀하게 계획을 세웠다. 문제는 속도전이었다. 조선의 임금을 잡기 위해서는 무엇보다 속도가 중요했다. 아차 싶으면 조선의 임금은 강화도로 들어가 버릴 것이 뻔했다. 불필요한 전투를 피하고, 최우선으로 조선의 임금을 잡는 것이 청의 목표였다.

청의 선발대가 압록강을 건넜다. 만주군, 한군, 몽골군을 합쳐 약 13만 명에 이르는 대규모 군사를 이끌고 빠르게 남하했다. 평양을 지나 개성을 거쳐 한양 북쪽까지 다다랐다. 다른 때 같으면 이미 각 고을에 있는 성에서 전투가 벌어졌겠지만 청은 그러지 않았다. 각 성마다 전투를 벌이며 남하했다가는 조선의 임금을 놓칠 것이 뻔했다. 최단 시간에 한양까지 도달한 청이 조선의 임금을 잡는 것은 시간문제였다.

인조는 안절부절 못했다. 우려했던 사태가 벌어지고 만 것이다. 급하게 왕실의 가족을 먼저 강화도로 보내고, 뒤이어 인조 역시 강화도로 피신하려고 했다. 하지만 이미 한양과 강화도 사이의 길을 청이 장악한 후였다. 평소 전쟁 준비를 해둔

남한산성 성벽.

강화도로 가지 못하고, 어쩔 수 없이 인조는 차선책으로 남한
산성을 택했다.

청은 시간이 없었고, 조선은 시간이 필요했다. 청은 눈앞
에 있는 조선의 임금을 사로잡아야 했고, 조선은 임금의 안위
를 보존하기 위해 시간을 끌어야 했다. 그 역할을 한 인물이
최명길이다. 강화도로 가는 길이 끊긴 상태에서 남한산성까
지 인조가 무사히 가도록 하기 위해서 최명길은 홀로 청군 막
사로 향했다.

남한산성에 무사히 입성한 인조는 다시 고민에 빠졌다. 지
금이라도 당장 전쟁 준비가 되어 있는 강화도로 가야 할 것인
지, 아니면 이곳 남한산성에서 원병을 기다려야 할 것인지.
남한산성은 전쟁 준비가 전혀 되어 있지 않았다. 군량미뿐만
아니라 인적, 물적 자원이 턱없이 부족한 실정이었다. 인조는
겨울바람이 불어오는 겨울 초입에 남한산성을 나섰지만 몇 걸
음 못 가서 다시 남한산성으로 되돌아올 수밖에 없었다. 청군
이 빠르게 뒤따라와 이미 남한산성을 포위한 뒤였다. 청은 선
불리 공격하지 않고, 남한산성 주변에 목책을 세우는 등 철저
하게 남한산성과 외부를 차단시켰다. 인조의 선택은 이제 원
군이 하루라도 빨리 와주기를 바라는 것밖에 없었다.

전쟁을 시작하기 전에 세밀하게 전략을 세운 청의 계획이

하나씩 맞아들어 갔다. 먼저 빠르게 남하하여 강화도로 향하는 길목을 차단하고, 군사를 한번에 출병시키지 않고, 차례대로 출병시켜 다른 지역에 있는 조선의 군사들이 쉽게 움직이지 못하게 했다. 나중에는 제일 먼저 출병한 선발대를 회군시키는 등의 작전으로 앉아서 어설프게 당하는 조선의 기를 가차 없이 누르는 데 성공했다.

소식을 들은 각 지역 장수들은 시간차를 두고 남하하는 청의 군대 때문에 쉽게 남한산성으로 오지 못했다. 이미 청의 군대가 남한산성에 집결했다고 생각하고 임금을 구하러 온 원군은 길목을 지키고 있던 청군에 의해 차단당했다.

외부와 차단당한 채 고립되어 가는 남한산성은 답답하기만 했다. 하루가 지나고 이틀이 지나도 원병 소식은 들리지 않았다. 성 안의 곡식은 줄어만 가고, 거기에 매서운 한파까지 몰려오고 있었다. 반면 밖에서 조선의 임금이 백기를 들고 나오기를 기다리던 청은 시간이 지날수록 화력이 점점 더 세졌다. 속도전에 강한 기마부대에 이어, 보병, 그리고 화포부대까지 합류했던 것이다. 청은 이제 급할 것이 없었다. 꽁꽁 걸어 잠근 저 성문을 올라가 애써 부술 필요가 없었다. 기다리기만 하면 되었다. 천천히 시간을 두고 이따금씩 막강한 화포 공격을 하면서 저절로 성문이 열리기를 기다리면 될 뿐이었다.

남한산성 동문 남동쪽에 있으며 좌익문이라고도 부른다. 임금이 남쪽을 굽어보고 나라를 다스리기 때문에 임금의 위치에서는 동쪽이 왼쪽이 된다. 그래서 동문을 좌익문이라고 부른다. 경사가 비교적 낮은 남문과 함께 동문 출입도 잦았다. 입구에 계단을 쌓고 성문을 내었다. 우마차는 통행이 어려워 군량미 같은 물자는 남문 쪽에 있는 11암문을 이용했을 것으로 추측한다.

청은 느긋하게 추운 골방에서 추위와 공포에 떨고 있을 조선의 임금에게 항복을 요구했다. 남한산성 행궁에 모인 인조와 조정 대신들은 머리를 맞대고 각자의 주장을 펼쳤다. 싸우자, 아니다 청의 요구를 들어줘야 한다. 죽음을 다해 대의명분을 지켜야 한다. 불필요한 죽음이다. 지금 살아야 나중에 복수를 할 수 있다.

처음에 소규모 전투에서 몇 번 승리한 조선은 이대로 안방문을 걸어 잠그고 원병과 합세해 안에서 밖으로 쳐나가면 승산이 있다고 생각했다. 충분히 가능한 일이었다. 하지만 누구나 생각할 수 있었던 그 가능성은 이루어지지 않았다. 지형을 이용해 쌓은 천혜의 요새 남한산성. 하지만 계절은 겨울이었고, 성 안에는 군량미가 턱없이 부족했다. 추위와 굶주림을 버티기에는 한계가 있었다. 남한산성 서문(西門)이 스르르 열렸다. 인조는 삼전도로 나가 청의 황제 홍타이지에게 삼배구고두례(三拜九叩頭禮, 세 번 무릎을 꿇을 때마다 세 번씩, 아홉 번 머리를 조아리는 절)를 했다.

남한산성의 중요성

대업을 이룬 통일신라가 기울어 가고 후삼국을 거쳐 고려가 세워졌다. 고려시대 때 남한산성에 대한 기록은 없다. 단지 이

규보의 『동국이상국집』 후집 「이세화 묘지명」에 광주성이 나온다. 몽골의 1차 침입 때 이세화가 광주성을 굳건히 지키며 막아냈다는 내용이다. 이것을 바탕으로 광주성이 남한산성이 아닐까 하는 추측을 해볼 수 있다. 현재도 광주에는 다른 성이 없다. 광주는 지리적 요충지이기 때문에 남한산성을 거치지 않고는 다른 곳으로 갈 수 없었다. 남한산성, 즉 광주성이 함락되지 않았기에 고려는 몽골을 막아낼 수 있었던 것이다.

남한산성 어디에도 고려시대 때의 유물이나 축성 방식은 보이지 않는다. 신라 때 축성한 후 다시 복원을 하거나 보수를 한 흔적이 없다. 신라와 조선의 사이에 남한산성은 빠져 있다. 후삼국과 고려를 세우는 데 숱한 전쟁을 치렀을 텐데 어디에도 기록이 없다는 것은 남한산성이 그만큼 비중이 적었다는 이유도 있겠지만 격동기에 제대로 기록을 하지 않았을 수도 있다. 하지만 남한산성은 사라진 것이 아니다. 단지 기록이 없다는 것뿐이지 남한산성의 성벽은 단단히 뿌리를 내린 채 한반도의 심장처럼 뛰고 있었다.

고려가 야심찬 계획을 세우고 북벌을 감행하려고 했을 때 무리를 이끄는 한 장수가 돌연 등을 돌렸다. 압록강 앞에서 그는 말머리를 돌려 궁궐로 향했다. 이성계의 위화도 회군이 조선을 세웠다. 남한산성은 조선시대에 들어와 주목을 받았다.

건국 이후 피폐해진 남한산성을 복구해야 한다는 논의가 진행되었다. 왜구와 여진족들의 잦은 침략과 수탈이 이어지는 가운데 대비책을 강구해야 했다. 방어체계를 다시 세우고, 도성 방비를 튼튼히 하자는 의견이 나왔다. 그중에 남한산성이 있었다. 하지만 남한산성의 복구는 탁상공론에서 끝나고 실제로 이루어지지는 않았다.

남한산성이란 명칭은 『조선왕조실록』 선조 26년(1593) 때 처음 나온다. 이후 임진왜란이 끝나고 조정 대신들과 선조는 한자리에 모였다. 언젠가 또 다시 있을 전쟁에 대비해야 했다. 내부적으로 태평성대가 이루어진들 외부에서 쳐들어왔을 때 이를 제대로 막아 내지 못하면 백성들은 다시 도탄에 빠질 것이 뻔했다.

전쟁을 겪으면서 선조는 남한산성의 중요성을 깨달았고, 조정 대신들이 모인 자리에서 그 중요성을 강조했다. 다른 산성보다 남한산성을 택한 이유는 지세가 험해 천혜의 요새이고, 교통의 중심에 있어 지리적으로도 중요했기 때문이다. 선조의 강조에도 남한산성의 복구는 이루어지지 않았다. 방대한 물적, 인적 자원이 필요하다는 이유로 남한산성은 그대로 방치되었다. 선조 뒤를 이은 광해군 때 소규모 수리가 이루어진 것이 전부였다.

남한산성 비석군

남한산성 안에는 총 39여 기의 비석들이 있는데 그중 30기의 비석이 남한산성 남문 아래쪽에 있다. 이곳의 비석은 광주 유수(廣州留守), 수어사(守禦使), 부윤(府尹), 군수(郡守) 등의 비이다. 광주에 머물면서 애민정신으로 백성들을 다스렸던 관리를 위해 백성들이 직접 세운 송덕비들이다.

어진 관리가 임기를 마치고 떠나면 백성들은 그를 기리기 위해 직접 비석을 세웠다. 반대로 폭정으로 백성들을 괴롭힌 관리에 대해서는 냉정했다. 탐관오리들은 자신이 떠난 뒤 비석이 세워지지 않을 것을 염려하여 재임 기간에 스스로 비석을 세웠다고도 한다. 웃지 못할 일은 광주로 부임하기도 전에 미리 비석부터 세운 관리도 있다고 한다.

어릴 때 하던 놀이 중에 비석치기가 있었다. 넓적하고 긴 돌을 세워 놓고 한 명씩 돌아가며 돌을 던져 비석을 쓰러뜨리는 놀이다. 정확한 유래는 알 수 없지만 조선 후기 사회상을 반영한 놀이라는 견해가 있다. 조선 후기 여기저기 업적을 기리는 비석이 넘쳐나 '비석거리, 비선거리'라는 말이 생겨났다. 백성의 고혈을 짜낸 탐관오리의 비석을 생전에 함부로 발로 차거나 훼손할 수 없어서 비석치기라는 놀이로 대신했다는 설도 있다.

비석군 원래 있던 19기의 비석과 남한산성 행궁 복원사업으로 이전되어 온 11기의 비석까지 총 30기가 남한산성 남문 아래쪽에 모여 있다. 광주에 머물면서 애민정신으로 백성들을 다스렸던 관리를 위해 백성들이 직접 세운 송덕비들이다.

유네스코 세계 문화유산

긴 역사를 가진 남한산성은 2014년 유네스코 세계 문화유산으로 지정되었다. 무조건 역사가 깊고, 훌륭한 조형미를 갖추었다고 해서 세계 문화유산으로 지정되지 않는다. 세계 문화유산은 탁월한 보편적 가치를 바탕으로 한 여섯 가지 등재 기준을 마련하고 있는데 이 중에 한 가지 이상이 부합되어야 등재가 가능하다. 남한산성은 이 등재 기준에서 두 개의 기준에 부합하여 그 가치를 인정받았다.

기준 2) 남한산성은 동양의 도성조영론을 반영한 조선의 임시 수도였다.

- 남한산성은 국제 전쟁을 통해 동아시아 무기 발달과 축성술이 상호 교류한 탁월한 증거이다.

- 남한산성은 조선의 자주권과 독립성을 수호하기 위해 유사시의 임시 수도로서 기능을 할 수 있도록 계획적으로 축조된 유일한 산성도시이다.

기준 4) 남한산성의 군사시설은 성곽 축성발달사의 보고이다.

- 남한산성은 험한 지형을 활용하여 성곽과 방어시설을 구축함으로써 7세기부터 19세기에 이르는 축성술의 시대별 발달 단계를 잘 나타낸다.

세계 문화유산 남한산성 표지석

　남한산성의 세계 문화유산 등재의 핵심을 살펴보면, 완전성과 진정성으로 볼 수 있다. 완전성 면에서는 통일신라시대 때부터 현재까지 축성되고 관리되어 오면서 원형 그대로 보전이 적절하게 잘 되어 있다고 평가했다. 그리고 남한산성의 용도와 기능, 형태와 디자인, 언어와 다른 형태의 비물질적 전통(종묘, 사직, 제례 등등) 등을 간직하고 있다는 평가를 받았다.

　남한산성은 도읍을 수비하는 단순한 산성이 아니라 시대별 연구가 가능한 역사의 현장 보고이면서, 외세에의 저항과 자주의식을 보여주는 어디에도 없는 문화적, 정신적 중심인 것이다.

행궁

임금이 지방으로 외출을 하게 되면 어디에서 머물까? 일반인들이 머무는 객잔이나 주막에 머물 수는 없지 않은가. 한 나라의 최고 책임자인데 그래도 품위가 있지 아무 곳에나 여장을 풀 수 없다. 그래서 임금을 위한 숙소를 지었다. 그것이 행궁이다.

행궁은 도성 밖에 있는 궁궐이다. 임금이 외부 행차를 할 때 머무는 곳인데 남한산성 행궁은 단순 거처가 아닌 종묘와 사직이 좌우에 있어 특별하게 집무실 개념이 크다. 전란에 대비해 강화도와 남한산성을 대피 장소로 생각했다. 지금으로 치면 일종의 벙커 개념이다.

남한산성 행궁은 크게 상궐과 하궐로 나눠지며, 평시에는 광주유수부가 업무를 볼 수 있는 시설로 좌승당과 일장각이 있다. 상궐은 임금의 침전이 있고 생활을 하던 공간으로 행궁 내의 내행전이라고 한다. 내행전이 행궁 내의 중심 공간으로 배치되어 있으며 규모는 창경궁의 환경전과 경춘전, 통명전과 같다. 하궐은 외행전으로 상궐보다 6m 낮은 곳에 있다.

건축을 할 때 지켜야 하는 구조가 있다. 배산임수(背山臨水)처럼 궁을 지을 때도 엄격하게 구조를 따져야 한다. 전조후침(前朝後寢), 좌묘우사(左廟右社), 삼문삼조(三門三朝)가 그것이다.

전조후침은 앞에는 나랏일을 보는 조정을, 뒤에는 잠을 자는 침전이 있어야 한다는 뜻이며, 좌묘우사는 왕을 중심으로 궁의 왼쪽에는 종묘를, 오른쪽에는 사직단이 있어야 한다는 뜻이다. 좌묘우사가 제대로 갖추어져야 그 궁이 법궁의 기능을 할 수가 있다. 마지막으로 삼문삼조는 궁궐의 구조가 세 공간으로 이루어졌고, 임금을 만나러 가는 데 문 세 개를 통과해야 한다는 뜻이다. 경복궁을 살펴보면 광화문, 홍례문, 근정

남한산성 행궁의 한남루 행궁으로 들어가는 출입문. 남한산성 행궁 역시 한남루, 외삼문, 중삼문을 거쳐야 임금을 알현할 수 있다. 삼조는 대신들이 업무를 보는 외조공간(外朝空間)과 임금이 업무를 보는 치조공간(治朝空間), 그리고 임금이 휴식을 취하는 연조공간(燕朝空間)을 말한다. 남한산성 행궁이 다른 행궁과 비교해서 중요한 점이 바로 이 구조를 그대로 지켰다는 것이다. 한 가지 알아야 할 점은 어디를 가든 고궁을 출입할 때는 동입서출을 해야 한다. 동쪽(오른쪽)으로 들어가서 서쪽(왼쪽)으로 나와야 한다.

문을 지나야 근정전에 들어갈 수 있는 것처럼 말이다.

치조공간은 임금과 신하가 모여 정책을 논의하고, 결정하던 곳이다. 즉 정전, 정치를 하던 곳이다. 영화 〈남한산성〉에서 김윤식(김상헌 역)과 이병헌(최명길 역)이 싸울 것인지 화친을 맺을 것인지 임금 앞에서 논쟁을 하던 곳이 치조공간이다. 선비의 나라인 조선에서 예와 도를 지키는 것은 당연한 이치였다. 김상헌은 명과의 의리를 지켜야 했다. 목숨보다 소중히 지켜야 하는 것이 명분이었기 때문이다. 그러기에 명을 무너뜨리려는 청과의 화친은 있을 수 없는 일이었다.

최명길은 명분보다는 미래를 걱정했다. 성 밖에서 청군에 의해 도륙당하는 백성들을 걱정했다. 명분이야 지켜야 하는 것이지만 당장 죄 없이 죽어나가는 백성들을 생각해서라도 전쟁을 해서는 안 된다는 생각이었다.

김상헌과 최명길의 주장은 누가 옳다고도, 그르다고도 할 수 없다. 어느 누구도 자신의 안위만을 내세운 것도 아니고, 사사로운 이익만을 쫓은 것도 아니다. 지향점은 같지만 가는 길이 달랐을 뿐이다. 어떤 길을 선택하든 가시밭길이고, 고난의 길이었다. 둘 다 험난한 길이라면 임금은 어떤 기준을 가지고 결단을 내려야 할까. 반정으로 왕위에 오른 인조의 머릿속에는 무엇이 떠올랐을까. 명분과 백성.

외행전이 사무를 보는 공간이라면 내행전은 임금만의 독립적인 공간이다. 임금의 안전을 위해 외부에서 안을 볼 수 없도록 사방에 담이 있다. 임금의 식사를 담당하는 수라간이 왼쪽에 있고, 임금의 안전을 담당하는 호위무사가 머무는 행각들이 오른쪽에 있다. 대청에는 일월오봉도(日月五峯圖)가 그려진 병풍이 있는데, 임금이 없을 때에는 병풍을 접어 두었다가 임금이 들어오면 다시 펼쳐 놓는다. 혹시라도 자객이 병풍 뒤에 숨어 있을 수 있기 때문에 평상시에는 접어놓는 것이다. 그리고 임금의 침소에는 장롱이나 문갑이 없었다. 자객이 숨어들지 못하도록 늘 대비를 해야 했기 때문이다.

남한산성 성문을 굳게 걸어 잠그고 항전이 지속되자 식량이 떨어지기 시작했다. 인조는 행궁에 들어올 때 들리던 개 짖는 소리와 닭 울음소리가 사라졌다면서 수라상에 더 이상 고기반찬을 올리지 말라고 했다는 일화가 전해진다. 그리고 간장 한 종지에 밥을 먹었으며 이불을 군사들에게 내어주고, 곤룡포를 입은 채 잤다고 한다.

인조는 구원병을 애타게 기다렸다. 전국에 있는 군사들이 서둘러 와서 청군을 물리치고, 고립되어 있는 임금을 구해 줄 것이라 믿었다. 하지만 구원병 소식은 들리지 않았다. 하루가 지나고 이틀이 지나고 떨어지는 식량과 살을 에는 겨울바람에 마음은 더 움츠러들었을 것이다.

내행전 뒤쪽에 보면 느티나무 한 그루가 있다. 나가지도 편하게 두 다리 뻗고 잠을 잘 수도 없는 상황에 까치 한 쌍이 느티나무 한 그루에 날아와 앉아 우는 모습을 보고, 누가 길조라는 말을 했다. 인조는 까치의 울음소리에 희망을 걸었고, 곧 구원병이 나타날 것이라는 기대를 했다고 한다. 하지만 인조의 기대와는 달리 구원병은 나타나지 않았고 무겁고 침통한 발걸음으로 성문을 나섰다.

인조에게 희망과 기대를 품게 했던 느티나무를 사람들은 희망을 주는 나무라고 불렀다. 정작 희망과 기대는 어긋났지만 잠시나마 인조의 마음에는 따뜻한 봄바람이 불었을 것이다. 희망은 이루어지든 이루어지지 않든 결과에 상관없이 품고 있는 동안에는 퍽 다정하고, 아늑하기 때문이다.

02

남한산성 옛길
걷기 좋은 역사의 길

주말이면 등산복 차림으로, 가족 나들이로, 연인 데이트 코스로 많은 사람들이 남한산성을 찾는다. 남한산성 4대문 안에는 행궁을 비롯해 수어장대, 청량당, 침괘정 등의 문화재가 있고 국청사, 망월사, 장경사 등의 사찰이 있다. 이곳을 찾는 사람들을 위한 전통과 역사를 이어오고 있는 먹거리촌이 있고, 숙소도 마련되어 있다. 당일치기가 아니면 하룻밤 묵으면서 천천히 남한산성을 둘러보는 것도 좋다.

행궁 앞 산성로터리에서 시작하여 능선을 따라 남문, 서문, 북문으로 내려오는 산책길을 걸으면 족히 반나절은 훌쩍 지난다. 산성로터리로 돌아와 주차장에 밀집해 있는 식당에서 입맛에 당기는 메뉴를 골라 허기진 배를 채우면 된다. 어릴 때는 남한산성 하면 두부가 유명했는데, 지금은 닭백숙이 유명하다. 산책을 하기 전에 미리 예약을 해 두고 가면 오랜 시간 기다리지 않아도 된다.

든든하게 먹고, 다시 산성로터리에서 동문까지 천천히 걸어갔다 오는 것도 좋다. 가는 길에는 지수당도 있고 현절사도 있다. 등산과 걷기를 좋아한다면 남문에서 시작하여 동문을 거쳐 봉암성까지 닿았다가 산성로터리로 내려오는 탐방로를

연무관 성내 주둔하던 군사들이 무술연마와 군사훈련을 하던 곳이다. 연무당이었던 것을 숙종 때 연병관(鍊兵館) 현판을 하사하면서 연병관으로 불리다가 정조 때 수어영이라 개칭했지만 통칭해서 연병관, 연무관이라고 한다. 군사훈련 외에 문과나 무과 시험을 보는 장소로도 사용되었고, 무기 시연도 거행되었던 곳이다. 넓은 잔디밭이 있고, 그곳에서 성내 군사들이 모여 매일 구슬땀을 흘리며 연습했을 것이다.

신택해도 좋다. 성벽을 따라 걷다 보면 다른 지방 도성과 다르게 산세가 우거진 풍경들을 만날 수 있다.

고즈넉한 탐방로를 걷다 보면 자신에게 집중할 수 있게 된다. 잡념이 없어지고, 생각에 몰입할 수 있다. 산책의 장점이다. 하나씩 내려놓는 것이 아니라 불필요한 근심, 걱정이 떨어져 나가고, 중요한 하나에 몰입하게 되는 법.

많은 시간을 낼 수 없다면 짧게 끊어 마음대로 산책길을 구성해도 된다. 남한산성은 누구에게나 열려 있고 누구나 즐길 수 있으며, 대한민국 국민이라면 한 번쯤은 꼭 가봐야 하는 곳이다.

천주교 순교터

광주 유수관(留守官) 치소(治所)가 남한산성 안으로 들어오면서 남한산성은 천주교 순교지가 되었다. 천주교 순교비 옆에는 동상이 하나 있다. 앙상한 갈비뼈를 드러낸 채 목숨을 잃은 사람을 한 사람이 가슴으로 품고, 간절한 눈빛으로 하늘을 응시하고 있다. 〈남한산성의 피에타〉 동상이다. 피에타는 연민, 자비, 동정심이라는 뜻의 이탈리아어다. 미켈란젤로의 3대 조각 작품 중에 하나로 십자가에 못 박혀 죽으신 예수 그리스도를 성모 마리아가 품에 안고 있는 모습을 표현한 조각상이다.

남한산성의 천주교 순교지 천주교 순교비 옆에는 동상이 하나 있다. 앙상한 갈비뼈를 드러낸 채 목숨을 잃은 사람을 한 사람이 가슴으로 품고, 간절한 눈빛으로 하늘을 응시하고 있다. 〈남한산성의 피에타〉 동상이다. 피에타는 연민, 자비, 동정심이라는 뜻의 이탈리아어다. 미켈란젤로의 3대 조각 작품 중에 하나로 십자가에 못 박혀 죽으신 예수 그리스도를 성모 마리아가 품에 안고 있는 모습을 표현한 조각상이다.

1801년 신유박해 때 너무 많은 사람들이 목숨을 잃자, 천주교 신자였던 한덕운 토마스는 관군 몰래 버려진 시신들을 수습해 장례를 치러주었다. 깊은 신앙심으로 뜻을 굽히지 않았던 순교자들의 넋을 기리기 위한 행동이 한덕운 토마스의 목숨을 앗아갔다. 천주교인의 시신을 수습하는 행위는 곧 자신이 천주교인이라고 밝히고 다니는 격이었다. 한덕운 토마스는 곧 체포되었고, 남한산성 동문 밖 형장에서 처형되었다.

남문

4대문 중 유일하게 현판이 남아 있는 남문은 정조 때 새로 문루를 만들면서 지화문(至和門)이라고 이름을 붙였다. 남한산성 네 개의 문 중에 가장 크고 웅장하다. 남문 앞에는 옛날 모습을 담은 사진이 있다. 주한 프랑스 영사관으로 온 프랑뎅이 찍은 사진이다. 1892~1893년 사이에 찍은 것이라고 한다. 프랑뎅은 여행 사진으로 남겼겠지만 우리에게는 귀중한 자료 사진이다.

이 문을 통해 인조가 남한산성으로 들어왔다. 문이 열리고 한 나라의 임금이 들어서고, 다시 굳게 닫힌 문. 터널이 뚫리기 전까지 남한산성 안으로 들어가려면 남문을 통과해야 했다. 지금은 차량 통행이 금지되어 있고, 도보로만 통행이 가능하다.

개원사

세계 문화유산 종합안내소 작은 옆길로 올라가면 계곡에 자리 잡은 식당들을 지나 길 끝에 개원사가 있다. 고즈넉한 기운이 내려앉은 곳으로 발소리조차 조심스런 곳이다. 입구에 개원사는 기도 도량임을 알리고 관광객들의 소음을 주의해 달라는 문구가 있다.

이곳은 인조 때 남한산성 수축을 위해 전국에서 모여든 승군들을 총 지휘하는 본영 사찰이었다. 개원사를 본영 사찰로 총 지휘소로 활용하고, 다른 여덟 개 사찰에는 승군들을 주둔시켰다. 이곳에 규정소(糾正所)가 있어 전국 사찰의 승풍(僧風)을 규찰하기도 했다.

병자호란 이후 금란보(金襴褓) 열 벌로 싸서 봉안했던 대장경을 보관했었는데 1970년 법당, 누각 등의 화재로 대장경도 전소되었다. 겨우 작은 건물 한 개동만 남아 있었는데 선효화상(禪曉和尙)이 신도들과 함께 10여 년간 공들여 다시 대각전(大覺殿), 요사(寮舍) 등의 건물을 새로 지었다.

청량당

청량당은 억울한 누명을 쓰고 목숨을 잃은 이회 장군과 남편의 누명을 벗기고자 모금을 벌이다 남편의 죽음 소식을 접하고 강물에 몸을 던진 부인을 모신 곳이다. 또한 승려 가운데 최고의 자리인 남한산성 도총섭인 벽암 각성대사를 함께 모셔 마을의 수호신으로 여겼다.

이회 장군이 억울하게 목숨을 잃을 때 하늘에서 홀연히 매 한 마리가 날아와 앉았다는 매바위가 수어장대 오른쪽에 있다. 이 매바위에 두 손을 얹고 치성을 드리면 소원이 이루어진다는 설도 있다. 이회 장수의 부인이 물에 빠져 죽은 날로 전해지는 음력 정월 초이튿날 청량당에 있는 수령이 350년이 넘는 향나무 앞에서 매년 도당굿이 행해졌다고 한다.

서흔남 묘비석

지수당 앞에는 '서흔남'이라는 묘비석이 있다. 묘비석에는 '봉두구면'이라고 쓰여 있는데 더벅머리에 구차한 모습으로 청의 포위망을 뚫고 격서를 전달했다고 하여 이런 표현을 썼다.

서흔남은 남한산성이 청에 포위당하자 연락병으로 지원했다. 지방에서 올라오는 장계 등의 연락책을 맡기도 했고, 청의 진지를 염탐하다 위기의 순간에는 적병을 암살하는 임무도 맡았다. 서흔남이 연락병으로 성 안팎을 자유자재로 드나들 수 있었던 것은 뛰어난 변장술 때문이라고 한다. 기록을 살펴보면 수어청 병영의 사노였다고도 하고 무당, 와장 등 다양한 일을 했다고 한다.

병자호란이 일어나자 수어청과 5군영은 모병을 하였는데 신분의 귀천을 가리지 않았다. 그리고 공을 세운 사람에게는 그에 합당한 대가가 주어졌다. 실제 서흔남은 병자호란 때의 공로를 인정받아 천민 신분에서 면천을 받았고, 정3품인 당상 관까지 올랐다. 벼슬을 받을 때 곤룡포도 하사했다는 이야기 가 있다. 서흔남이 죽을 때 곤룡포도 함께 묻었는데 길을 지나 는 양반들이 서흔남의 묘를 지날 때마다 말에서 내려 예의를 갖췄다고도 한다.

현종 8년(1667)에 세운 비석 한 기와 연대를 알 수 없지만 서흔남의 아내가 죽을 때 세웠을 것으로 추정되는 비석 한 기 가 나란히 있다. 원래 비석의 위치는 병풍산 묘지 앞에 있었는 데 후손들이 파묘하고 버려진 비석을 광주문화원에서 중요시 여겨 현재의 자리(지수당)로 옮기게 됐다고 한다.

남한산성 옛길

남한산성 옛길은 조선 후기 열 개 대로(大路) 중 하나인 봉화로 의 일부 구간으로 서울과 지방을 연결하는 길이었다. 이 옛길은 조선의 임금이 여주에 있는 영릉으로 행차할 때 이용했고, 보부 상들이 전국을 떠돌며 장터를 찾아가거나 지방에서 올라온 선

지수당 1672년(현종 13) 광주 부윤을 지냈던 이세화가 지은 정자. 세워질 당시에는 정자 앞 뒤에 세 개의 연못이 있었다고 하나 현재는 두 개만 남아 있다. 지수당 앞에는 '서흔남'이라는 묘비석이 있다. 묘비석에는 '봉두구면'이라고 쓰여 있는데 더벅머리에 구차한 모습으로 청의 포위망을 뚫고 격서를 전달했다고 하여 이런 표현을 썼다.

비들이 과거시험을 보러 한양으로 갈 때 이용한 길이다.

경기도 광주시에서는 봉화로 일부 구간과 남한산성의 문화유산을 연결시켜 옛길을 만들었다. 동문길만 내부 순환 길이고, 나머지는 외부에서 남한산성까지 이르는 길이다.

동문길(9.5km): 남한산성 동문→ 산성로터리 →북문 → 서문
→ 남문 순환

서문길(2.4km): 송파구 거여동→ 남한산성 서문

남문길(6.5km): 장지역 → 위례동행정복지센터→남한산성 남문

북문길(5.8km): 광주 향교→ 남한산성 북문

03

우천리
잊히고 사라지는 것들의 기록

집이 사라졌다. 처음 광주 땅에 발을 디디고 들어선 움막 같던 집이 말끔히 없어졌다. 겨울이면 식구들은 유일하게 연탄보일러가 작동되는 방 하나에 모였다. 마지막 남은 불씨처럼 연탄불이 꺼지지 않게, 보일러가 터지지 않게 주의하고, 또 조심했다. 상수도가 들어오지 않았던 때라 지하수를 끌어다 썼다. 여름에 가뭄이 들면 물이 나오지 않았고, 겨울이면 꽁꽁 언 수도를 녹이느라 애를 썼다.

집 앞에는 커다란 목련나무 한 그루가 있었다. 어른이 두 팔을 벌려 안아도 한번에 안을 수 없을 정도로 큰 나무였다. 수령이 몇 년이나 되었는지 알 수 없다. 이사 오기 이전부터 있었던 나무라 언제부터 그 자리에 터를 잡고 있었는지, 누가 심었는지 알 수가 없었다.

하늘이 유난히 맑아 달빛이 소복이 지상으로 내려앉는 밤에 귀가를 한 적이 있었다. 가로등이 없어 달이 안 뜨면 더듬거려야 했던 길을 달빛이 훤히 비춰 주었다. 집 앞에 이르렀을 때 목련나무는 만개한 목련을 활짝 피우고 있었다. 목련의 자태는 달빛을 받아 더 고귀해 보였다. 목련나무 아래에 서서 한참을 올려다봤다. 어른 주먹보다 큰 목련을 이렇게 가까이에서 본 적은 없었다. 달빛에 홀린 듯, 목련에 홀린 듯 목련나무 아래에 서서 목련 사이로 스며든 달을 목련인 양 툭

우천리 설명 조형물 팔당호 아래에는 1970년에 사라진 마을 우천리가 있다.

툭 건드렸다.

그날 밤 잠을 자면서 목련 잎이 떨어지는 소리를 들었다. 바람조차 불지 않아 달빛에 그을린 목련 잎이 그대로 힘없이 지상으로 내려앉았다. 목련 잎이 달빛의 무게를 견디지 못하고 떨어질 때 집은 조금씩 흐느꼈다. 유난히 달빛이 밝았던 그날은, 목련이 우아하게 만개했던 그날은 가족들이 더 이상 버티지 못하고 모두 뿔뿔이 흩어졌던 날이었다.

물속의 집

팔당댐은 하남시와 남양주시 사이에 있다. 1966년에 착공하여 1973년에 완공되었다. 6·25 전쟁이 끝나고, 피폐해진 경제를 살리기 위해 산업화가 시작되었다. 산업화, 도시화로 인해 농촌에서 많은 일손이 도시로 몰렸다. 서울역과 영등포역, 청량리역으로 시골 인부들이 일자리를 찾아 올라왔다. 지금은 사라진 구로공단과 동대문 봉제공장 등에서는 기계가 쉼없이 돌아갔다. 그때는 최저임금도 없었고 노동자의 인권 역시 전무했다. 쏟아지는 졸음을 견디며 하루 12시간 이상 쉬지 않고 가족의 생계를 책임지기 위해 일했다. 봉제 노동자로 일했던 전태일은 자신의 몸에 석유를 부어 불을 붙이고 "근로기준법을 준수하라! 우리는 기계가 아니다!"라고 외치며 노동환

경 개선을 요구했다. 이런 산업화, 도시화 물결 속에서 만들
어진 것이 팔당댐이다.

팔당댐은 서울과 수도권에 전력과 물을 공급하고 있다. 팔
당댐이 완공되면서 팔당호가 생겨났다. 팔당호 주변으로 식
당과 숙박시설이 들어섰다. '봉주르'라는 카페는 팔당댐 건설
당시 인부들을 위한 식당이었다고 한다. 하지만 팔당댐 완공
이후 불법 점유로 고발당했고 영업정지와 재오픈을 반복하며
팔당호의 터줏대감으로 자리 잡았다.

팔당호는 상수원 보호구역으로 지정되었다. 서울과 수도
권의 상수원을 책임지고 있기 때문에 오물과 폐수가 흘러들어
가서는 안 된다. 하지만 일부 카페와 식당에서 흘러나온 오폐
수로 팔당호는 점점 쇠약해져 갔고, 정부는 이들의 영업을 제
한했다.

산업화로 인해 댐이 건설되고, 서울과 수도권에 전력과 상
수원을 공급하면서 생활환경이 나아진 것은 분명하다. 그리
고 철새가 매년 찾아오는 아름다운 인공호수까지 마련해 주었
다. 경기 광주시 남종면 분원리에는 팔당전망대가 있다. 이곳
에는 매일 철새와 호수의 아름다운 풍경을 찍으러 오는 사진
가들이 많다. 커다란 망원렌즈를 장착한 카메라를 삼각대에
받쳐 놓고 순간 포착을 위해 하루 종일 기다리고 기다린다. 팔

팔당호수 아래에 있는 우천리 우천리는 번성했던 마을이다. 조선시대 때 분원리에 사옹원 분원이 생기면서 우천리 소내나루에서 왕실로 진상하는 도자기를 실어 날랐다. 우천리 소내 나루 윗소내에는 우시장이 번성하였고, 아랫소내에서는 상업이 발전하였다. 팔당댐이 건설되 면서 물에 잠기기 전까지 우천리에는 약 60호 300여 명이 거주하고 있었다고 한다.

당전망대에서 보면 팔당댐이 정면으로 보인다. 팔당댐과 전망대 사이 고즈넉한 호수 위를 평화롭게 노닐고 있는 철새들이 군데군데 무리지어 있다. 철새들이 놀라지 않게 어느 누구도 큰소리를 내지 않는다. 유유자적한 호수 아래에는 산업화, 도시화로 인해 사라진 마을이 있다.

우천리는 번성했던 마을이다. 조선시대 때 분원리에 사옹원 분원이 생기면서 우천리 소내나루에서 왕실로 진상하는 도자기를 실어 날랐다. 남한강과 북한강을 따라 온 배들이 서울로 진입하기 전에 머물렀던 곳이 우천리 소내나루다. 우천리는 윗소내와 아랫소내로 나뉘어져 있었는데 윗소내는 우시장이 번성하였고, 아랫소내는 상업이 발전하였다.

전국에 나루터가 있던 곳은 모두 상업이 번성했던 곳들이다. 우시장이 열렸던 곳 역시 현금 융통이 제일 컸던 곳이다. 상업이 발달하면 자연스레 지역이 발전한다. 물자가 풍부하고, 주머니가 두둑해진다. 하지만 호황은 반딧불이 같은 것일까. 우천리는 쇠약해지기 시작했고, 끝내 지도에서 사라졌다. 도시가 발전하면서 생활이 윤택해지면서 마을은 오히려 모습을 감추었다. 팔당댐이 건설되면서 물에 잠기기 전까지 우천리에는 약 60호 300여 명이 거주하고 있었다고 한다. 우천리 사람들은 마을을 떠났고, 몇몇은 분원리로 터를 옮겼다.

물속에 잠긴 집 어딘가에 하얀 백목련을 피어올린 나무가 있을까. 누구 집 아들딸은 돈을 벌려고 서울로 구로동으로 동대문으로 올라갔다. 짓고 있던 농사도 놓아야 했고, 매일 문을 열었던 가게도 닫아야 했다. 있지만 갈 수 없는 곳, 눈에 보이지 않지만 분명 존재하는 곳. 물속에 잠긴 집들을 기억하는 사람은 이제 몇 남지 않았다. 뿔뿔이 흩어진 우천리 사람들이 어디에서 어떻게 살고 있는지 모른다. 우천리라는 지명만이 남았을 뿐이다. 한때 융성했던 마을에서 밥 짓던 연기가 팔당호의 새벽안개로 모락모락 피어오른다.

기억을 낚는 분원리 붕어마을

팔당댐은 서울과 수도권의 생활환경뿐만 아니라 팔당호 주변 환경까지 변화시켰다. 댐이 건설되고 호수가 생기면서 바뀐 환경에 사람들은 적응해 갔다.

호수 주변 도로로 주말이면 드라이브를 즐기는 사람들이 늘어났고 이들을 위한 카페와 식당이 하나씩 생겨났다. 사라진 우천리는 물속에, 기억 속에 저장한 채 누가 먼저 입을 열지 않았다. 사라진 것은 사라진 것이고 살아 있는 것은 또 살아남아야 하니까.

광주 중심에 흐르고 있는 경안천이 팔당호로 유입된다. 팔당호가 생기기 전까지 경안천 주변에서 피라미와 모래무지 등이 잡혔었다. 팔당호가 생기면서 붕어 낚시꾼들이 몰려들었다. 한때는 붕어 낚시를 하기 위한 쪽배가 마포나루까지 빗살처럼 줄지어 **빽빽**하게 늘어서 있었다고 한다. 팔당호에서 잡아 올린 붕어는 분원리 특색의 붕어찜으로 새롭게 태어났다.

분원리 붕어마을에 있는 붕어찜 전문점은 가게마다 자기 색깔의 붕어찜을 내놓는다. 1970년대부터 있어 왔던 식당부터 붕어 낚시가 한창이었던 1990년대에 생긴 가게까지 저마다의 맛과 향을 간직하고 있다.

붕어찜은 원기회복에 좋은 보양식이다. 갖은 채소와 가게만의 저마다 특색 있는 양념으로 흙 비린내를 잡고, 담백하고 쫄깃한 맛을 자랑한다. 간단한 붕어조림에 수제비나 우거지를 넣다가 지금의 붕어찜으로 이어졌다. 맛을 아는 전문가들은 국물을 바싹 조리는 것을 좋아한다. 애초의 붕어조림에서 시작한 원초적인 맛을 즐길 줄 아는 것이다. 반대로 술꾼들은 얼큰한 국물이 자작한 것을 선호한다. 애주가들의 특성이다. 초창기에는 강가에 천막을 치고 팔당호에서 갓 잡은 붕어를 요리해 평상에 놓인 손님상에 올렸다.

팔당호에는 어부가 있었다. 그물을 던져 금빛 윤슬을 끌어올리던 어부들……. 그중에는 우천리에서 나고 자란 사람도

강촌마을 1973년 팔당댐이 완공되어 호수가 생기자 팔당호에서 잡은 붕어로 요리하는 집들이 생겨났다. 현재는 수질오염을 막기 위해 낚시가 금지되었다.

있다. 우천리 출신 한 팔당호 어부는 마을이 물에 잠기자 분원리로 짐을 꾸려 이사를 했다. 그가 어부가 된 것은 지극히 자연스런 수순이었다. 유년기와 청년기를 보냈던 마을을, 부모님의 부모님, 그 부모님의 부모님 숨결이 배어 있는 공간을 떠날 수 없었다. 물 아래 숨 쉬고 있을, 잊히고 사라지는 것들을 매일 그물로 끌어올렸다. 그에게 팔당호는 삶의 중심이다.

　노를 저으며 팔당호를 함께 누볐던 그의 쪽배는 더 이상 팔당호로 나가지 못한다. 그가 세상을 떠나면 쪽배 역시 역사에서 사라질 것이다. 몇 년 동안 팔당호로 출항을 하지 못한

쪽배에는 푸른 이끼만 숨죽인 채 피어 있다.

그가 낚아 올린 붕어에는 우천리의 삶과 기억이 묻어 있다. 그러나 아쉽게도 이제는 그의 굵은 손마디에서 끌어올린 기억의 참맛을 볼 수 없다. 시간이 지나면 모든 것은 변하기 마련이다. 변하고 바뀌고 적응하며 우리는 그렇게 살아간다. 쪽배를 물려받아 고기를 낚을 사람이, 잊히고 사라지는 것들을 남기고 기억할 사람이 점점 줄어들고 있다. 봄, 여름, 가을, 겨울 각 계절마다 아름다운 풍경을 간직하고 있는 팔당호 주변 도로를 지날 때마다 누군가는 떠올려 줄까. 저 아래, 고즈넉하고 아름다운 저 호수 아래 찬란하고, 융성했던 이야기가 있었다고. 그 금빛 이야기를 낚았던 어부의 삶이 붕어마을에는 있었다고.

04

분원리 가마터
조선시대 사옹원 분원이 있던 곳

기록은 중요하다. 인간의 기억은 한계가 있고 시간이 지날수록 왜곡되기 마련이다. 그래서 구전(口傳)으로 전해지는 것은 그다지 신빙성을 얻지 못한다. 비록 우천리는 깊은 호수 속으로 사라졌지만 잊으면 안 되는 이유가 조선시대 때 분원리에 세워진 관요 때문이다. 분원리 가마터에서 만들어진 도자기는 우천리 소내나루에서 배에 실어 왕실로 보내졌다.

광주는 전국 최대 도요지였으며, 340여 개에 이르는 백자 가마터가 있었다. 이 정도 규모면 광주 지역 전체가 백자 가마터라는 말이 된다. 그만큼 광주에서 생산되는 백자가 많았다는 소리이다. 실제로 돌아다니다 보면 군데군데 도요지 푯말을 볼 수 있다. 어선(御膳, 임금에게 올리는 음식)과 궐내의 음식을 담당했던 사용원(司饔院)이 직접 관리하는 관요가 광주에 설치되어 왕실과 관청에서 사용하는 백자를 생산했다.

전국 가마터의 변화

관요의 설치로 전국 백자 가마터에 변화가 일었다. 강진을 비롯한 유명 가마에서는 더 이상 고품질의 백자를 생산할 필요가 없어졌다. 질 좋은 백자의 생산을 나라에서 직접 관리함으로써 지역 가마는 질 낮은 백자 생산으로 돌아섰다.

백자를 만드는 데 필요한 것이 무엇일까. 백자를 제작하는 사기장이 있어야 하는 것은 물론이고, 무엇보다 흙과 가마를 떼는 땔감이 중요할 것이다. 사용원 소속의 사기장이 380명이나 되었다고 하니 그 규모를 짐작할 만하다. 흙은 백토를 사용했는데 일 년 사용하는 백토의 절반 이상을 경기 광주에서 채취했다.

가마를 굽기 위해 최우선으로 필요한 것이 땔감이다. 숲이 울창한 곳을 찾아 10년 주기로 가마를 이전했다. 관요가 설치되어 땔나무를 채취한 곳은 비워 두었다가 나무가 다시 울창해지면 돌아와 땔감을 채취하는 것이 원칙이었다.

숙종 때 오랜 기근과 흉년으로 화전민이 광주에 유입되기 시작했다. 화전민의 증가로 화전을 일구면서 숲이 사라졌고,

점차 땔감을 구할 수 없게 되자, 10년 주기로 옮기던 관요를 경기 광주 남종면 분원리에 고정시켰다. 그리고 강원도 등지에서 구한 땔감을 수로로 운반해 와 가마를 운영했다.

왕실에 진상하던 도자기

분원리 가마터는 2001년과 2002년 두 차례에 걸쳐 발굴 조사가 진행되었다. 4기의 가마와 공방터, 온돌시설이 확인되었다. 발견된 가마는 동고서저(東高西低)의 자연경사면을 따라 나란히 배치되어 있었는데 모두 점토로 축조된 반지하식의 오름가마

조선백자 도요지(가마터) 분원초등학교 정문 앞에는 조선백자 도요지가 있다. 이곳이 조선 시대에 130여 년간 왕실에 진상하는 백자를 굽던 사옹원 분원이 있었던 곳이다.

가마의 구조 곤지암 도자공원에는 전통 오름가마를 재현해 놓았다.

였다. 이 중에 2호 가마는 길이가 23m, 내벽의 폭이 1.7~3m
로 굴뚝으로 갈수록 폭이 점점 넓어지는 구조를 이루고 있다.
곤지암 도자공원에는 아궁이에서 굴뚝까지 경사진 단차를 둔
한국의 전통 오름가마를 재현해 놓았다.

　광주 관요는 왕실에 진상하는 도자기를 만들던 곳이다. 그
중에 하나가 청화백자이다. 청화백자는 왕실용으로 소수 제작
되었으며 제작 과정에서 실패율도 적었다고 한다. 청화백자의
장식은 다양하며 비중에 따라 주 문양과 보조 문양으로 나뉜
다. 주 문양에는 소나무, 대나무, 매화, 국화, 보상화, 당초, 포
도, 수목 등의 식물과 사슴, 호랑이, 학, 용, 말 등의 동물, 그

리고 산수, 달, 별, 구름과 같은 자연이 있다. 보조 문양은 몸체 상단, 하단, 밑면 혹은 가장자리, 주 문양 사이에 작게 장식된다. 주로 모란, 연잎, 당초, 국화 등의 식물이 보조 문양으로 쓰였다. 청화 장식은 크게 세 종류로 나눌 수 있다. 하나가 도식화된 소재이고, 다른 하나는 회화, 나머지가 시문 장식이다.

청화백자 생산이 소수였던 이유는 안료 때문이다. 문양 장식을 하는 안료에는 청화와 철화가 있었는데 철화는 값도 쌌고, 고급 분원백자에 어울리지 않는다고 여겼다. 반면 청화의 안료는 중국에서 수입을 할 만큼 국내 생산이 되지 않았다. 하지만 임진왜란과 병자호란을 겪으면서 재정이 바닥난 상태에서 청화 안료 수입이 어려워지자 철화백자를 생산했다.

분원리 가마터에서 발굴된 백자를 살펴보면, 수직 굽에 굽 안바닥을

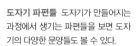

도자기 파편들 도자기가 만들어지는 과정에서 생기는 파편들을 보면 도자기의 다양한 문양들도 볼 수 있다.

깊게 깎은 다음 가는 모래와 모래비짐을 받쳐 갑발에 넣어 구운 것과 내화토물에 굽을 담갔다가 굵은 모래를 발라 포개 구운 것으로 구분된다. 유색은 설백색(雪白色)과 담청백색(淡靑白色)을 띠고 있으며 종류는 발, 대접, 잔, 접시, 연적, 벼루, 제기 등이다. 소문백자가 주류를 이루고 있으나 사군자나 당초문 같은 문양이 시문된 청화백자도 다수 발굴되었다.

분원리 석비군 우천리로 내려가는 길에는 비석군이 있었는데, 일제강점기 때 일부가 매몰되었고, 한국전쟁 때 또 일부가 파손되었다. 팔당댐 건설로 우천리가 수몰되면서 이 비석들도 수몰 위기에 처하자 분원백자자료관으로 옮겨 왔다. 이 비석들은 사옹원 분원의 도제조, 제조, 번조관들의 공덕을 기리기 위해 세운 것이다. 사옹원 도제조 채제공의 선정비도 있다.

분원리 석비군

분원초등학교 위에 있는 분원백자자료관 앞에는 사옹원 분원리 석비군이 있다. 1755년부터 1890년까지 사옹원 분원의 제조나 번조관을 위해 세운 선정비이다. 이 비석군은 원래 우천리로 내려가는 길목에 있었다. 총 30여 기의 비석이 1.5m 간격으로 세워져 있었다. 그러나 일제강점기 때 신작로가 나면서 일부가 매몰되었고, 6·25를 겪으면서 또 일부가 파괴되었다. 그리고 팔당댐 건설로 인해 우천리가 수몰되자 남은 19기를 이곳으로 옮겨 왔다.

분원리 마을을 거닐다 보면 곳곳에 사라진 것들의 기록으로 가득하다. 분원백자자료관은 물론이거니와 분원리 석비군을 비롯하여 붕어찜 식당 역시 사라진 역사의 징검다리 역할을 맡고 있다. 눈으로 보이지는 않지만 알아야 보이는 것이 있다. 그것이 역사고 자료이고 관심이다. 알고 보는 것과 보여주는 대로 보는 것에는 차이가 있다.

···· 더 보기 : ··
분원백자자료관·팔당전망대

분원백자자료관

분원초등학교 바로 위로 올라가면 분원백자자료관이 있다. 이곳에서는 분원도요지에서 발굴된 도자기와 가마 모형, 토층전사 패널, 그리고 분원의 역사와 조선백자의 이야기를 담은 영상물을 볼 수 있다. 분원백자자료관은 매장된 유물들을 보호하고 현장성을 살리기 위해 신축하지 않고, 폐교사를 리모델링했다.

팔당전망대

분원리 붕어마을에서 물안개공원 쪽으로 가다 보면 왼쪽에 팔당전망대라는 표지판이 있고, 오른쪽에는 수자원본부가 있다. 수자원본부 1층에는 포토존과 트릭아트가 있고, 9층에는 팔당물환경전시관과 전망대가 있다. 전시관에서는 분원리에서 만들어진 조선백자가 뱃길로 이동하는 모형을 볼 수 있다.

분원백자자료관

05

강촌 슈퍼

오드리 헵번의 즐거운 일상

주말이 되면 팔당호를 끼고 드라이브나 자전거를 타며 라이딩을 즐기는 사람들을 볼 수 있다. 봄에는 벚꽃이 흐드러지게 피고 가을이면 코스모스가 만개한다. 겨울이면 꽁꽁 언 팔당호가 운치를 더해 준다.

경기 광주 남종면 금사리에서부터 검천리까지 자전거 도로가 생기면서 예전에는 차로만 다닐 수 있었던 도로를 시원한 강바람을 맞으며 자전거를 타고 즐길 수 있게 되었다. 자전거가 없다면 팔당 물안개공원에서 자전거를 빌릴 수도 있고, 도로변에 있는 쉼터에서 돗자리나 캠핑의자를 펴놓고 피크닉을 즐겨도 된다. 가족과 연인과 손잡고 하늘거리는 바람을 맞

강촌 슈퍼 현재의 주인이 강촌으로 드라이브를 왔다가 바로 계약한 곳. 최초의 주인은 할머니였고 할머니가 돌아가시고, 아들이 물려받아 이어가다가 연세가 들어 다른 가게 임자를 찾고 있었다. 강촌 구멍가게 역사는 50년이란 세월은 무난히 지났다. 구멍가게의 역사를 지우고 싶지 않은 원 주인과 이를 이어받아 새롭게 재창업한 현 주인. 여전히 간판은 '강촌 슈퍼'. 따뜻함과 특이함이 가득하다.

으며 산책을 해보는 것도 좋다. 한 가지 주의해야 할 점은 왕복2차선 도로이다 보니 사람들이 몰리는 시간에는 어느 정도의 차량 정체를 감수해야 한다. 기쁘고 즐거운 마음으로 나들이 나왔다가 꽉 막힌 도로에 갇혀 즐거웠던 기분을 망칠 수야 없지 않은가. 하지만 걱정하지 않아도 된다. 전혀 예상하지 못했던 신비스런 구멍가게를 만날 테니까.

세련된 구멍가게 주인

'손님 구합니다'라고 당당하게 써 붙인 가게가 있다. 나도 모르게 가게 문을 열고 들어가 면접이라도 봐야 될 것 같다. 내가 손님으로 괜찮은지, 손님의 자격은 갖추었는지 말이다. 미지의 세계로 빠져들 듯이 가게 문을 열고 말았다. 물론 가게 입구에 세워진 조형물부터 예사롭지 않다고 여겼었다. 그러다 고개를 들어 간판을 보니 '강촌 구멍가게'라는 상호가 왠지 모르게 반가웠다.

작은 공간에 시골 구멍가게에만 있을 법한 상품들이 잘 정리정돈 되어 있었다. 상품은 파는 물건이라기보다는 디스플레이를 한 것처럼 왠지 잘못 건드리면 안 될 것 같았다. 과자 한봉지라도 빼면 전체 분위기나 흐름을 망쳐 버릴 것 같은 느낌. 물건을 팔기보다는 드라마나 영화 세트장 같은 느낌. 이런 느낌을 받는 데 한몫한 것은 가게 중앙에 마련한 핼러윈 장식품의 강렬한 포스 때문일지도 모른다.

무엇이 꼭 필요해서 들어간 것도 아니기 때문에 핼러윈 캐릭터로 만든 장식을 구경하고 있는데 안쪽 문이 급하게 열리면서 사람이 불쑥 튀어나왔다. 가게에 아무도 없을 것이라고 생각한 주인과 가게에 아무도 없을 것이라고 생각한 손님이 동시에 비명을 질렀다. 예상치 못한 놀람은 의외의 사실에 한 번 더 이어졌다. 시골 구멍가게의 주인이라고 하면 대부분 머리가 하얗고, 주름이 자글자글한 할아버지나 할머니를 연상하지만 강촌 구멍가게 주인은 전혀 예상을 뒤엎었다. 가게 따님이겠지 했던 예상도 말끔히 깨뜨렸다. 하긴 어르신들이 핼러윈 장식을 할 리가 없지.

50년도 더 된 구멍가게

강촌 구멍가게 역사는 깊다. 양철지붕이 얹혀 있는 옛집을 유난히 좋아하는 현 주인이 드라이브를 왔다가 가게 앞에 붙어 있는 '임대' 문구를 보고 바로 계약을 했단다. 기존의 구멍가게를 없애고, 나름의 계획으로 새롭게 꾸미고 싶었지만 가게 주인이 구멍가게가 아니면 절대 임대를 줄 수 없다고 해서 구멍가게를 이어갈 수밖에 없었다. 강촌 구멍가게 최초의 주인은 할머니였고 할머니가 돌아가시고, 아들이 물려받아 이어 가다가 연세가 들어 다른 가게 임자를 찾고 있었다. 강촌 구멍 가게 역사는 50년이란 세월은 무난히 지났다. 구멍가게의 역 사를 지우고 싶지 않은 원 주인과 이를 이어받아 새롭게 재창 업한 현 주인. 여전히 간판은 '구멍가게'.

가게 외부 계절마다 가게는 새로운 옷을 입는다. 봄은 활짝 핀 꽃들로, 가을엔 핼러윈 축제 로, 겨울엔 크리스마스로 새롭게 탈바꿈한다. 부지런한 주인의 손길로 매년 같은 콘셉트로 할 때도 있고, 그때 상황에 맞춰 다르게 색칠을 하기도 한다.

새롭게 인수한 주인은 바빴다. 자신이 상상했던 것들을 꾸미기 위해 케케묵은 가게 짐들을 들어낼 때마다 조금씩 가게가 기울었다. 실제로 한쪽 벽이 내려앉았고, 지붕도 다시 올려야 했다. 인테리어 공사를 하러 온 인부들이 그냥 새로 짓는 편이 빠를 뿐 아니라 돈도 적게 들 것 같다는 소리를 했다. 예상치 못한 금액을 쏟아 부었지만 나름 새 주인이 꿈꾸던 공간이 탄생했다. 아마도 대한민국에 이렇게 예쁘고, 재미있고, 볼거리가 많은 구멍가게는 여기뿐일 것 같다.

강촌 구멍가게 앞에는 화분과 꽃들이 즐비하다. 그녀가 가게를 처음 오픈했을 때부터 가꾸어 오던 것들이다. 드레스를 입고, 화분에 물을 주는 것으로 그녀의 일상은 시작된다. 처음에는 마을 사람들의 눈총이 따갑기만 했다. 이상한 사람이 다 쓰러져 가는 구멍가게를 요상하게 만들더니 마을 분위기에 안 맞는 옷을 입고, 어디 쓸데도 없는 꽃에 물을 준다고 생각했다. 그러나 그녀는 개의치 않았다. 그녀가 가꾸는 꽃이, 화분이 늘어날수록 마을은 무채색에서 색감을 띠게 되었다. 사진작가들이 찾아오고, SNS에 화제가 되기도 했다.

주인은 오드리 헵번을 좋아한다. 그녀의 아름다움과 배우로서의 인기를 좇는 것이 아니라 은퇴 후의 행적을 닮고 싶다. 가게 앞에 꽃을 가꾸는 것은 쉬운 일이 아니다. 매일 관리를 해줘야 하고, 계절에 맞는 꽃을 손질하는 일은 가게를 운영하는 것만큼이나 손이 많이 간다. 그래도 그녀는 즐겁다. 꽃을 가꾸는 이유는 단순하다. 여러 사람들과 나누고 싶기 때문이다. 예쁘고 아름다운 것을 함께 공유하고, 나누고 싶다고 한다. 베풂의 시작은 간단하다. 꼭 거창할 필요는 없다. 함께 하고자 하는 마음을 밖으로 이끌어 내 행동하면 된다. 그것이 물질이든 꽃의 향기든 중요하지 않다. 나누는 자세로 베풂을 행하는 것이 중요하다.

마을은 이제 그녀의 손길로 화사해졌고, 의미 없이 지나다녔던 사람들이 잠시 차를 멈추고 시선을 돌리고 지친 마음을 내려놓고 가는 곳으로 바뀌었다.

···· **더 보기 :** ··

팔당 물안개공원

퇴촌에서 경안천 습지생태공원을 지나 계속 직진을 하다 보면 왼쪽에 팔당 물안개공원이 나온다. 무료로 주차가 가능하고 자전거 대여를 할 수 있다. 귀여섬으로 이어지는 길을 따라 산책을 즐겨도 되고 자전거를 타도 된다. 자전거 전용 도로가 마련되어 있어 초보자도 쉽게 탈 수 있다. 풍광이 수려해 사진 찍기에도 좋고 주말 나들이로도 안성맞춤이다.

06

수청나루
진경산수화의 첫 페이지

안개가 짙다. 일교차가 심할수록 안개는 더 두껍다. 무엇이 무섭고 무엇이 두려운지 겹겹이 껴입은 안개는 한낮이 가까워지는 시간까지 쉽게 길을 내보이지 않는다. 아니면 그리움이 그렇게나 겹겹이 쌓인 것일까. 남한강에서 피어오른 새벽안개가 마을을 감싸고 산 고개를 넘어서고 있다.

풍경 속에 울리는 유년

양평 쪽에서 고개를 넘어온 트럭 한 대가 샛길로 빠지더니 소담한 수청리 마을로 들어선다. "고물차가 왔어요~" 이내 트럭은 스피커를 켜고 마을 구석구석을 돌아다닌다. 어릴 때는 손수레를 끌고 종을 치며 집집마다 쌓여 있는 고물들을 수거해 갔다. 아이들은 고물을 엿, 혹은 뻥튀기 등으로 바꿔 먹었고, 그 맛을 알아버린 아이들은 멀쩡한 물건을 부모 몰래 고물장수에게 갖다주다 걸려 호되게 혼나곤 했다.

문제는 아버지였다. 아버지가 일생일대 위기를 맞았다. 집에는 외할머니가 물려주신 축음기가 있었다. 어머니는 외할머니의 유품인 축음기를 무척 아꼈다. 옆에 달린 손잡이를 돌리면 작은 상자에서 심한 잡음과 함께 노래가 흘러나왔다. 축음기에 맞는 바늘이 몇 개 남지 않아 자주 듣지는 못했지만 그 시절에도 TV에서만 볼 수 있는 희귀한 물건이었다.

그런데 이 귀중하고, 소중한 축음기가 어느 날 소리 소문 없이 사라졌다. 범인은 예상한 대로 아버지였다. 마을 어르신들과 낮술을 드시던 아버지가 술이 모자랐는지, 아니면 지나가던 고물장수의 꼬임에 넘어갔는지 어머니가 집을 비운 사이 축음기를 홀라당 고물장수에게 넘겨 버린 것이다. 아버지가 세상 편하게 코를 골며 꿈속에서 무릉도원을 노니는 사이 귀가한 어머니는 축음기가 없어진 사실을 알고 이를 갈았다. 다음 날 한차례 어마어마한 큰 폭풍이 집안에 몰아치더니 오늘을 살자는 현실파와 조상 대대로 물려받은 것을 온전히 지키자는 온건파의 대립과 냉전이 시작되었다. 아버지와 어머니

수청리 수청나루는 풍광이 뛰어나 오고가는 사람들의 발목을 잡았다. 겸재 정선의 진경산수화 〈녹운탄〉이 지금의 큰청탄, 즉 수청리를 그린 것이다. 수청나루에 정박해 있는 수청호는 수청리와 양평을 이어주는 역할을 했다. 그때 나룻배를 타고 양평까지 학교에 다녔던 까까머리 수청리 꼬맹이가 어느새 어른이 되어 수청호의 선장이 되었다. 하지만 수청호는 더 이상 운행을 하지 않는다. 마을 사람들의 고령화와 인구 감소가 원인이라고 한다.

의 대립과 냉전은 화해와 이해로 마무리되지 않고, 여느 부부처럼 자연스럽게 안으로 곪아 층층이 쌓이기만 했다. 돌아가실 때까지 두 분의 이념과 의견 차이는 좁혀지지 않았다. 그렇게 한평생을 더불어 살았고, 생을 버티셨다.

마을로 들어간 고물장수의 트럭은 안개에 가려 보이지 않는다. "고물차가 왔어요~"하는 스피커에서 나오는 소리만 들린다. 안개 속에서 울리는 고물장수의 우렁찬 목소리를 살짝 잡아 본다. 서울에서는 사라진 고물장수, 기억 어딘가에 치워 놓았던 유년, 생생한 삶의 현실을 인화하듯 새겨 놓은 한 폭의 풍경들 … 누군가에게는 쓸모없는 고물이지만 누군가에게는 소중한 보물이 될 수 있는…….

강에서 피어 올린 안개가 촘촘히 쌓여 풍경을 이루는 수청나루에는 진경산수화(眞景山水畵)의 대가인 겸재 정선(謙齋 鄭歚, 1676~1759)의 필선(筆線)이 꿈틀거린다.

겸재 정선과 광주

조선 후기 당대 최고의 화가인 겸재 정선이 자신이 나고 자란 곳을 비롯하여 한양 곳곳을 화폭에 담았다. 그림으로는 최고의 경지에 오른 65세 때인 1740년 백악산과 인왕산 아래 장동

〈우천〉 겸재 정선 그림. 영조 17년 신유년(1741). 비단에 채색. 31.2×20.8㎝. 간송미술관 소장

일대를 시작으로 한양과 한강 곳곳을 돌며 그림을 그렸다. 이
때 그린 그림들을 묶은 것이『경교명승첩』이다. 여기에는 총
33점의 그림이 있는데, 그중에 20여 점이 한양 근교의 한강을
그린 그림이다.

겸재 정선은 양수리 부근에서 시작하여 행주까지 배를 타
고 오르내리며 한강의 수려한 풍경을 그렸다. 그가 그린 한강
풍경 중에 광주가 두 군데나 있다. 한 군데가 우천리이고, 다
른 한 곳이 바로 수청리이다.

우천리를 화폭에 담은 〈우천(牛川)〉은 영조 17년(1741)인
66세에 그린 것이다. 실제로 이곳의 물길을 살펴보면 남한강

과 북한강, 그리고 우천이 합쳐져 커다란 한강 줄기를 이루고 있는 곳이다. 게다가 사방에 높은 산들이 있어 강물이 십자(十字) 형태를 띠고 있다. 정암산과 용문산이 동쪽에, 검단산이 서쪽, 무갑산과 앵자산이 남쪽, 운길산과 예봉산이 북쪽에 위치하면서 겹겹이 에워싸고 있으니 절경이 아닐 수 없다. 이런 아름다운 천혜의 절경에 사옹원 분원이 있었으니 조선만의 특색 있는 백자가 탄생할 수 있었던 것은 당연한 일인지도 모른다.

그림을 살펴보면 지금은 분원초등학교 건물 자리에 사옹원 분원 건물이 있고, 건물 뒤로 겹겹이 층을 이룬 산봉우리들이 줄기줄기 이어진다. 서쪽의 벼랑이 강한 바람을 막아주는 듯 분원을 감싸안고 있고, 옆으로는 용인시 문수봉에서 발원한 경안천이 한강과 합류하고 있다.

가헌 최완수 선생은 겸재가 일부러 멀리 떨어진 산들을 이어 감싼 듯 하나로 합쳐서 그렸다고 말한다. 그래야 분원터가 더 좋아지게 된다는 것이다. 이것이 바로 화가의 기량이고, 화성(畫聖)에 닿은 사람만이 할 수 있는 것이라고 한다.

보통 화가는 보이는 대로 있는 그대로 그림을 그리고, 수준이 낮은 화가는 있는 그대로도 제대로 표현하지 못하며, 뛰어난 화가는 있으면 좋은 그림이 되는 것을 그린다고 한다. 겸재를 화성이라고 하는 이유가 여기에 있다. 진경을 그리되 항상 있으면 좋은 형태를 그려 낼 줄 알기 때문이다. 이것은 그가 사물의 이치에 통달한 성리학자였기에 가능했다.

진경산수화법으로 그려낸 수청리, 〈녹운탄〉

진경산수화법은 조선 후기에 나타난 화법으로 화보나 다른 그림을 모방한 것이 아니다. 우리 국토가 세계에서 가장 아름답다는 전제하에 전국을 다니며 토산(土山, 흙산)과 암산(岩山, 바위산)이 어우러진 아름다운 산천을 소재로 음양조화(陰陽調和)와 음양대비(陰陽對比)의 『주역(周易)』 원리에 따라 화면을 구성하는 독특한 고유 화법을 말한다.

암산의 수직 암봉은 양(陽), 수풀이 우거진 토산을 음(陰)으로 보는데, 토산은 중국 남방화법인 묵법(墨法)으로, 골산(骨山) 암봉(岩峯)은 중국 북방화법인 필법(筆法)으로 처리하여 중국의 남방·북방 화법을 한 화면에 이상적으로 통합해 놓은 것이기도 하다. 보편적인 세계성으로 독자적인 고유성을 창안해낸 궁극의 화법이라 할 수 있다. 철저한 사생을 바탕으로 원리론적인 재구성을 통해 극사실성을 추구했기 때문에 실사(實寫)와 함축이 조화를 이루어 조선 고유색이 최고조에 이르고 보편적 예술성이 극대화된 화법이다.

〈녹운탄〉 겸재 정선 그림, 영조 17년 신유년(1741), 비단에 채색, 31.2×20.8cm, 간송미술관 소장

　이 진경산수화법으로 수청리를 그린 〈녹운탄(綠雲灘)〉이 『경교명승첩』 첫 페이지에 있다. 그런데 〈녹운탄〉이 수청리일까? 〈우천〉은 우천이라는 지명이 남아 있어 쉽게 알 수 있지만 녹운탄이란 지명은 현재 남아 있지 않다. 겸재 이전 기록에도 녹운탄이란 지명은 없다. 어쩌면 겸재가 새롭게 지어 붙인 이름일 수도 있다. 그렇다면 어떻게 '녹운탄'이 '수청리(큰청탄)'라고 할 수 있을까.

　겸재의 스승인 삼연(三淵) 김창흡(金昌翕, 1653~1722)이 지금의 덕소에서 배를 띄워 남한강으로 거슬러 오르는 여정을 기록한 『단구일기(丹丘日記)』에 '노온탄'이 나오는데 배경을 살펴보면 노온탄이 바로 '큰청탄'이다. 노온탄은 우리 말 '높은 여울(높은 탄, 高灘, 老溫灘)'의 한문 음역인데, 이 음역을 아취(雅趣) 있게 '녹운탄'으로 바꿔 부르다가 이후에 뜻을 풀어 '푸른 여울'이라고 했다가 이를 재한역하면서 '청탄'이 된 것이다. 그래서 진경산수화 〈녹운탄〉이 지금의 큰청탄, 즉 수청리인 것이다.

조선시대 산수화를 보면 채색을 많이 아꼈던 것에 비해 〈녹운탄〉은 청록색을 아낌없이 사용했다. 그래서 화려한 느낌을 준다. 겸재가 조선에서뿐만 아니라 청(淸)에서도 높이 평가받는 화가였기에 고가인 채색을 자유롭게 사용할 수 있었기 때문에 가능했던 것이다.

지금은 〈녹운탄〉의 비경을 온전히 살펴볼 수 없다. 팔당댐이 생기면서 수위가 올라와 일부가 침수되었고, 도로가 나고 주변이 정비되면서 옛 정취는 사라졌다. 하지만 수청나루에는 그림 속에 있는 나룻배는 아니지만 동력선 하나가 정박해 있다.

수청나루에 정박해 있는 수청호는 수청리와 양평을 이어주는 역할을 했다. 그때 나룻배를 타고 양평까지 학교에 다녔던 까까머리 수청리 꼬맹이가 어느새 어른이 되어 수청호의 선장이 되었다. 하지만 수청호는 더 이상 운행을 하지 않는다. 마을 사람들의 고령화와 인구 감소가 원인이라고 한다. 이전에는 뱃길로 5분이면 양평으로 갈 수 있던 거리가 이제는 찻길로 40분이 넘게 걸린다.

수청나루의 명물, 안개

수청나루 위쪽에는 숙종 때 영의정을 지낸 여성제의 생가가 있었다. 수청리 마을 위로 올라가면 여성제 묘와 신도비가 있다. 여성제는 숙종 때 문신으로 효종 5년(1654) 문과에 장원급제하여 정9품에 올랐고, 이후 동부승지, 대사간, 예조판서, 병조판서, 우의정, 영의정을 거쳤다.

수청리는 함양여씨들이 모여 살던 세거지지(世居之地)이었다. 처음에는 엄씨가 터를 잡았고, 이어서 여씨, 유씨, 이후에 정씨, 오씨, 함씨 등이 차례로 수청리로 들어왔다.

수청나루에는 기와로 지은 기생집이 두 채가 있었다고 한다. 강원도에서 채벌한 나무를 분원리 가마까지 이송하던 뗏목꾼이나 한양으로 오가던 사람들, 풍류를 즐기던 조선 선비들이 배를 타고 가다 기생집에 들러 흥을 돋웠을 것이다. 겸재의 스승 김창흡의『단구일기』에도 검단 여가촌(呂家村)에 도착해 하루를 묵었다고 나온다. 그리고 "강안이 굽이돌아 노온탄이 되니 물길이 높아 여울이 심히 사납다"고 기록하고 있다.

이처럼 수청나루는 풍광이 뛰어나 오고가는 사람들의 발목을 잡았고, 한번 멈춘 발길은 비경에 취해 쉽게 떨어지지 않았다. 유독 안개가 진풍경인데 낚시가 허용되던 이전에는 안개 때문에 고깃배들이 애를 먹었다고 한다. 수청리에서 양평으로 건너가는 배 또한 짙은 안개에 갇혀 길을 잃곤 했는데 운 좋게 중앙선 철길을 달리는 기차 소리가 들리면 행운이었다고 한다.

나무꾼 시인, 정초부

함양여씨의 집성촌은 사라졌다. 민족 지도자 몽양 여운형(呂運亨, 1886~1947) 역시 여성제 후손이다. 해방이 되고, 여운형이 좌익으로 몰리면서 수청리 함양여씨들은 뿔뿔이 흩어졌다. 여성제 생가를 관리하던 후손도 외국으로 건너갔고, 국가에서도 여성제 생가를 방치하였다.

함양여씨 집안은 고결하면서도 의식이 깨어 있었다. 여운형은 아버지가 돌아가시자 집안의 노비들을 모두 불러 모아 그들이 보는 앞에서 노비 문서를 불태워 해방시켰다. 그런데 여씨 집안에는 노비 문서를 불태우고, 면천시켜 준 사람이 여운형 말고 또 있다.

여춘영(呂春永, 1734~1812)의 아버지 역시 가노(家奴)인 월

계초부(月溪樵夫) 정이재(鄭彝載, 1714~1789)의 재능을 알아보고 아들과 함께 글공부를 할 수 있도록 배려했고, 이후 면천해 주었다. 노비에서 풀려난 그는 나무꾼으로 살면서 이름보다는 나무꾼이라는 뜻의 '초부(樵夫)', 정초부로 불리게 되었다.

정초부는 시인으로 이름을 떨치며 당대 고관대작들과 시문을 나누기까지 했다. 하지만 그의 생활고는 노비였을 때보다 더 빈곤했다. 수청리에서 나고 자란 그는 면천이 되면서 주로 양평 갈대울과 월계협에서 생활했다.

정초부가 1789년 숨을 거두자 여춘영은 그를 추억하며 만시(輓詩, 죽은 사람을 애도하는 시) 12수를 지어 『헌적집(軒適集)』을 엮었다.

제초부문祭樵夫文
(여춘영이 정초부를 땅에 묻고 돌아오는 길에 읊은 시)

저승에서도 나무를 하는가
낙엽은 텅빈 물가에 떨어지누나
삼한 땅에 명문가가 많으니
내세에는 부디 그런 집에서 태어나게

黃爐亦樵否(황로역초부)

霜葉雨空汀(상엽우공정)

三韓多氏族(삼한다씨족)

來世托寧馨(내세탁녕형)

빛을 품고 흐르는 수청나루

조선 후기 진경시대(眞景時代)가 도래하면서 조선만의 특색 있
는 문화가 한문학을 비롯하여 문학(김만중), 서예(한석봉), 그림
(겸재 정선) 등에서 꽃을 피웠다. 또한 광주시 분원리에 사옹원
이 세워지면서 도예 역시 달항아리, 술병, 각종 제기 등 조선
특유의 그릇 형태와 깊이 있는 순백색을 띠면서 조선시대 도
자의 대표인 백자 문화의 절정을 이루었다.

그 중심에 있는 겸재의 깊은 자존감이 멈춘 곳이 광주다.
수청리와 우천, 〈녹운탄〉과 〈우천〉을 통해 그가 평생에 이룬
진경산수화법으로 조선만의 색깔을 담아냈다.

수청나루는 오늘도 안개를 피우고 있다. 빛을 강하게 비출
수록 안개는 더욱 하얗게 단단해진다. 빛을 머금은 안개는 결
연한 광주처럼, 수청리의 함양어씨 집안처럼, 그리고 겸재의
진경산수화처럼 품은 뜻을 굽히지 않고, 새로운 오늘을 세우
고 있다.

수청나루의 느티나무 수청나루에는 300년이 넘은 느티나무 보호수가 있다. 나무 뒤로 이제 는 운행하지 않는 수청호 머리 부분이 보인다.

수청나루 자전거길

17km 거리의 자전거길로 약 1시간 10분가량 걸린다. '퇴촌공설운동장 출발 → 분원리(붕어마을, 우천리) → 팔당전망대 → 팔당 물안개공원 → 검천리 → 수청나루 도착' 하는 코스다. 퇴촌부터 팔당 물안개공원까지는 차도 옆으로 자전거 도로가 있고, 팔당 물안개공원부터 검천리까지는 자전거 전용 도로가 수변을 따라 나 있다. 검천리부터 수청나루까지는 도로를 따라가야 한다.

봄에는 벚꽃이 흐드러지게 피고, 가을에는 오색 단풍이 찬란하여 풍경을 즐기며 자전거 타기에 좋다. 자전거가 아니라도 계절마다 차로 드라이브를 즐기는 사람들이 많다. 퇴촌에서 시작하여 양평으로 빠지거나 수청리를 지나 다시 광주로 돌아올 수도 있다.

07

능골삼거리
아직도 현재진행 중

사람들이 어디 사냐고 물어볼 때 예전에는 분당 근처라고 했다. 광주라고 얘기하면 마치 먼 시골 사람 취급을 했다. 행정구역이 광주라고는 하더라도 분당권이었다. 분당과 불과 10분 거리였기 때문에 분당 근처라고 하면 대부분 알아들었다. 그러다 요즘에는 분당 근처도 아니고, 광주도 아닌 오포라고 얘기한다. 광주라고 하면 사람들이 아직 잘 모르지만 오포라고 하면 "아~" 하면서 고개를 끄덕인다.

신도시 개발지역 후보에 오포와 광교가 물망에 올랐었다. 구체적인 이유는 모르겠지만 그때 오포가 아닌 광교가 신도시 개발지역으로 확정이 되었고, 광교는 호수와 아파트가 어우러진 도시로 변화했다. 아마도 사람들이 그때 오포라는 지명을 들어서 익숙해진 것은 아닐까. 오포가 광주 관할인 것은 알까, 모를까.

입석버스와 좌석버스

처음 이곳으로 이사했을 때는 버스가 딱 두 대 다녔다. 광주에서 출발해서 수원역까지 가는 버스와 광주에서 출발해서 성남 모란시장과 서울 잠실을 지나 미사리까지 가는 버스였다. 서울을 나가려면 분당을 지나 성남을 가로질러 미사리로 가는 이 버스를 타야 했다. 늘 이 버스를 타고 분당에서 서울로 나가는 좌석버스로 갈아탔다. 지금은 없어졌지만 불과 30년 전만 해도 좌석버스라는 것이 있었다. 이제는 '불과'라는 단어가 무색할 정도로 30년이라는 시간은 참 긴 시간이기도 하다. 어찌되었든 분당에서 서울로 나오는 좌석버스를 탔고, 지금은 사라진 좌석버스는 빨간색을 칠한 광역버스로 바뀌었다.

수도권 교통은 입석버스와 좌석버스가 있었다. 안내양이 있었던 시절부터, 학생이 사용했던 회수권과 어른이 사용했던 토큰을 모두 사용해 봤고, 같은 노선번호의 버스가 빨간색과 파란색으로 갈라져 정차하는 정류장이 다른 것도 경험했었다. 그나마 나는 좌석버스라는 것을 알고 있었지만 안양에 살던 친구는 좌석버스를 몰랐다. 친구는 직행버스를 좌석버스라고 불렀다. 엄밀히 지역 간 운행하는 직행버스와 수도권에서 운행하는 좌석버스는 달랐다. 현재 많이 이용하고 있는 파란색 버스가 예전에는 입석버스였고, 그보다 몇 백 원 더 비싼 버스가 좌석버스였다. 좌석버스는 쉽게 얘기하면 몇 백 원 더 내고, 편하게 앉아 갈 수 있는 버스였다. 가끔, 아주 가끔 돈이 많거나 몸이 힘들 때 이용하는 정도.

서울에서 집으로 들어오려면 지금은 없어진 중앙극장(현 평화방송, 남대문세무서 앞)에서 좌석버스 45번을 타고 분당 종점까지 와서 광주로 들어가는 버스를 타야 했다. 중요한 것은 분당으로 들어오는 막차가 중앙극장에서 밤 8시 45분에 있었다는 것이다. 조금만 미적거리다 버스를 놓치면 서울에서 밤새 방황을 해야 했다. 그럴 때면 을지로입구에서 동대문까지 이어진 지하도를 첫차가 다닐 때까지 하염없이 왔다 갔다 했다. 여름에는 시원했고, 겨울에는 찬바람을 맞지 않아도 되었으니까.

따뜻한 노랫가락

그때 분당은 한창 개발 중이었다. 시범단지만 들어섰을 뿐 아직 도시 정비가 완전히 된 상태는 아니었다. 비포장도로가 많

106

앗고, 율동공원도 없었을 때였다. 분당에서 집으로 오는 버스를 타고 오다 보면 저수지에서 낚시를 한 사람들이 버스에 올라타곤 했다. 버스 기사는 낚시꾼에게 얼마나 잡았는지 물어봤고, 낚시꾼은 잡은 물고기를 보여주며 자랑하곤 했다. 낚시꾼들이 고기를 잡았던 저수지가 지금의 율동공원으로 탈바꿈했다.

집으로 향하는 버스는 늘 신이 나 있었다. 항상 뽕짝 메들리가 버스 안을 가득 메웠고, 처음 보는 어르신들이 서로 인사를 하며 목적지까지 지루하지 않게 담소를 나누곤 했다. 명절이라도 되면 모란장에서 이것저것 사들고 온 짐들이 사람보다더 많았다.

그 당시 기억 중에 저절로 웃음이 나는 장면이 있다. 어느한 분이 기분 좋은 일이 있었는지 거나하게 취해 버스에 올라탔다. 버스 안에 울리는 뽕짝 메들리를 따라 흥얼거리더니 이내 큰소리로 기사에게 노래 신청을 했다. 기사는 손을 들어 화답을 하고는 카세트테이프를 찾아 틀었다. 취객은 듣고 싶었던 노래가 나오자 큰소리로 따라 부르기 시작했다.

흥에 겨워 부르는 노랫소리가 귀에 거슬리지 않았다. 술에취해 부정확한 발음으로 부르는 노래는 음정과 박자를 아주정확하게 빗겨 가고 있었다. 어쩌다 한 번 정도는 음정과 박자

에 비슷하게 스치기라도 할 법한데 전혀 그렇지 않았고, 제각
각 자기 갈 길을 부지런히 가고 있었다. 술에 취해 부르는 노
랫소리를 버스 안 사람들이 불쾌해할 수도 있는데 전혀 그렇
지 않았다. 여기저기서 피식, 피식 웃음이 새어나오는 소리가
나더니 어느 순간 동시에 웃음이 터졌다. 취객은 더 흥이 나는
지 앉은 채로 몸을 돌려 팔을 벌리면서 노래를 불렀다. 노래가
끝나자 승객들은 일제히 박수를 쳤다. 취객은 자신이 오늘 무
척 기분 좋은 일이 있어서 한 잔 했다며 양해를 구했다. 그리
고 기사에게 감사의 의미로 들고 탄 붕어빵이 담겨 있는 검정
비닐봉지를 건넸다.

몇 번이나 승객들에게 미안하다며 고개를 숙이고, 축하해
줘서 고맙다는 인사를 하고 내리는 취객을 보면서 왠지 모르
게 따뜻하다는 생각이 들었다. 취객에게 있었던 좋은 일은 무
엇일까. 취객은 무슨 일인지 말을 하지 않았고, 승객들은 물
어보지 않았다. 그저 온 힘을 다해 내뱉는 걸쭉한 목소리에 응
원의 박수를 보낸 것뿐이었다. 집에서 기다리는 아이들은 붕
어빵 대신 다른 무언가를 아버지에게 받았을 것 같다. 음정,
박자가 엇나가는 따뜻한 노랫가락?

분당과 온도 차이

재미있는 것은 분당과 온도 차가 있었다는 것이다. 분당에선 비가 내리지만 분당과 광주의 경계선인 태재고개에 올라서면 눈이 내렸다. 분당보다 약 2~3℃ 낮다는 얘기를 들은 적이 있다. 왜 그럴까 하고 생각해 봤었다. 분당에서 집으로 오려면 태재고개를 넘어야 하는데, 분당에서 태재고개까지는 가파른 언덕이지만 태재고개를 올라서면 집까지 평지였다. '만약 홍수가 나더라도 분당이 다 잠기고 나서야 우리 집이 잠길 수 있겠구나' 하는 되도 않는 생각을 하면서 비가 억수로 내리더라도 내심 안심하곤 했었다.

분당에서 태재고개까지 지금은 왕복 6차선이고, 태재고개부터는 왕복 4차선이지만 이전에는 분당에서 태재고개까지 올라오는 길부터 왕복 2차선이었다. 눈이라도 내리면 버스는 태재고개를 올라가지도, 내려가지도 못했다.

버스를 타고 서울로 나가는데 태재고개에서 버스가 일제히 멈춰 섰다. 굴곡이 심한 태재고개 내리막길은 조금만 실수를 하면 바로 도로 밖으로 탈선할 수밖에 없는 좁은 길이었다. 기사들이 차에서 내려 눈이 쌓인 길을 보면서 "내려갈 수 있을까?" 하며 서로 눈치만 봤다. 선뜻 누가 먼저 용감하게 태재고개를 내려가지 않았다.

반대로 태재고개를 올라오는 것도 쉽지 않았다. 사람들은 버스에서 내려 종아리까지 잠기는 눈길을 헤치고 태재고개를 올라야 했다. 걸어서 태재고개까지 올라오면 길이 미끄러워 내려가지 못하고 회차하는 버스를 탈 수 있었다.

분당 신도시가 제 모습을 갖추고, 전철이 개통되기까지 오랜 시간이 걸리지 않았다. 중앙공원을 비롯하여 율동공원이 생겼고, 넓은 도로가 놓였고, 광역버스 노선이 줄지어 생겼다. 전철 라인을 따라 고층 빌딩과 산업단지가 들어섰다.

오포 역시 왕복 4차선 도로가 생겼고, 광역버스가 다니기 시작했고, 어마어마한 빌라들이 다닥다닥 들어섰다. 분당이 넓어지고 높아지는 만큼 오포는 비좁고, 낮아졌다. 늘어난 세대 수만큼 차들이 증가했고, 예전 같은 칼바람도 뜸해졌다. 가끔은 분당에 비올 때 같이 비가 오기도 한다. 서현역까지 불과 10분도 안 걸리던 거리가 지금은 30분 넘게 걸릴 때가 있다. 분당과 거리는 더 멀어졌지만 온도 차이는 오히려 줄어들었다. 2~3℃였던 것이 0~1℃로……

이제는 누가 어디 사냐고 물으면 분당 근처라고 하지 않고, 당당히 오포라고 얘기한다. 분당과 거리도 그만큼 멀어졌고, 온도 차이도 크게 나지 않으니까.

정몽주의 묘가 있어 능골

사람들은 이곳을 능골이라고 불렀다. 버스정류장 명칭은 '능평삼거리'라고 표기되어 있지만 능평삼거리라고 얘기하면 알아듣지 못했다. '능골삼거리'라고 얘기해야 고개를 끄덕였다.

고려 말 충신이었던 포은(圃隱) 정몽주(鄭夢周)의 묘를 이곳에 쓰면서 '능골'이라고 부르게 되었다. 정몽주가 개성에서 생을 마감하고, 충남으로 장례를 치르러 가는 도중 장례행렬이 풍덕천에 이르렀을 때 명정(銘旌)이 갑자기 바람에 날아가더니 이곳에 떨어졌다. 장례행렬은 예사롭지 않다고 여기고 명정이 떨어진 이곳에 묘를 쓰게 되었다.

현재 정몽주 묘의 행정구역은 용인시이다. 1917년 행정구역 개편 시 능평리 일부분이 용인시로 편입되었다. 그래서 광주 관할은 능평리(陵坪里)가 되었고, 용인시 쪽은 능원리(陵院里)가 되었다.

정몽주 묘역을 가 보면 풍수지리를 모르는 사람이라고 하더라도 정말 명당이라는 생각이 든다. 정남향에 배산임수가 잘 갖춰져 있고, 주변 분위기 또한 고즈넉하여 번잡했던 마음이 평안해지는 곳이다.

광주 땅에 들어와 터를 잡은 곳이 능평리다. 능평리는 재미있는 곳이다. 능골삼거리를 기준으로 다리 하나를 건너면

능평리 삼거리 정확한 명칭은 '능평삼거리'이지만 여전히 '능골삼거리'라고 부른다. 능골삼거리를 중심으로 서쪽으로 향하면 죽전을 지나 수원으로 갈 수 있다. 북쪽으로 방향을 잡아 그대로 직진하면 분당과 판교를 지나 서울까지 닿을 수 있다. 동쪽으로 발길을 돌리면 광주 시내를 거쳐 하남과 양평으로 빠진다.

용인이고, 북쪽의 태재고개를 넘으면 성남시 분당이다. 세 행정구역이 맞닿은 곳이다. 원래는 모두 광주 관할이었지만 행정구역 개편으로 떨어져 나간 것이다.

창뜰마을·수레실·용산골

능평리의 지명을 살펴보면 남한산성과 연관이 있다. 창뜰과 수레실이라는 곳이다. 행정구역은 능평동으로 되어 있지만 버스정류소 이름은 창뜰마을, 수레실 등으로 표기되어 있다. 남한산성으로 가져가는 군량미를 비축했던 창고가 있던 곳이 창뜰이다. 그리고 군량미를 수레에 싣고 남한산성까지 옮겼기 때문에 수레실이라고 한다.

수레실에서 조금만 올라가면 가파른 산세가 우거진 곳이 나온다. 용산(龍山)골이다. 예전에, 아니 아주 옛날 옛적에 이곳에 용이 살고 있었다고 한다. 용은 지겨워졌는지 이제 그만 인간 세상에서의 삶을 정리하기로 했다. 아무도 모르게 슬그머니 승천을 하려고 했는데, 그만 사람들의 눈에 띄고 말았다. 아차, 싶었는지 용은 승천하다 말고 그대로 웅크린 채 산이 되었고, '용이 산이 된 마을'이란 뜻으로 용산골이라고 부르게 되었다.

산세가 가팔라 집을 많이 지을 수 없고, 조금만 올라가도 숨이 가쁘다. 직접 오르다 보면 '용이 진짜 그대로 털썩 주저 앉았구나' 하는 생각이 들지만, 멀리서 이곳을 아무리 쳐다봐도 도대체 용이 어떤 형태로 웅크린 것인지 그림이 그려지지 않는다. 전설은 전설일 뿐이고, 민담은 민담일 뿐인가. 그냥 들리는 대로 그런가 보다 하며 넘기는 것이 좋을 거 같다.

30년된 당구장과 중국집

능골삼거리에는 오래된 상가 건물이 있다. 이곳으로 이사를

중국집 따거 능골삼거리에는 오래된 5층짜리 상가 건물이 있다. 상가 3층에 있는 당구장은 30년이 넘었다. 그 앞에 컨테이너처럼 지은 중국집도 30년이 넘었다. 이곳은 1인 요리 전문점인데 요리보다 짜장과 짬뽕이 많이 팔린다. 이유는 수타면에 있다. 쫄깃한 면발을 주변 시세보다 낮은 가격에 맛볼 수 있다.

올 때부터 있었던 5층짜리 상가다. 그리고 그 앞에 컨테이너처럼 지은 중국집이 있다. 상가 3층에 있는 당구장은 30년이 넘었다. 그 앞에 있는 중국집도 30년이 넘었다. 당구장은 30년 전부터 쭉 당구장이었지만 중국집은 몇 번 메뉴가 바뀌었다.

당구장이 오픈했을 때 깜짝 놀랐다. 우리 집으로 자장면을 배달해 주시던 분이 당구장 주인이었다. 본업이 당구장 주인이고 배달은 부업인가. 아니면 그 반대인가. 실례가 될 거 같아 차마 물어보지는 못했다. 그분은 당구대가 최신식이라며 자랑을 했었다. 온돌이라 당구공이 잘 구르기도 하고, 추울 때면 온돌 온도를 높여서 당구대에서 잠을 자기도 한다고 했다. 실제로 계산대 한쪽에 얇은 이불이 잘 개어져 있었다. 최신식 설비를 갖추었던 당구장은 30년이 넘는 세월 동안 그대로 멈췄다. 여전히 30년 전 최신 설비 그대로다.

중국집으로 오픈했던 곳은 업종 변경을 하지 않고 중간에 메뉴만 바꾸었다. 이 지역 모든 중국음식을 도맡아 배달했던 곳이었다. 그러다 주변에 하나둘 다른 중국집이 생겨나고 경쟁력이 떨어지자 육개장집으로 바뀌었다. 육개장으로는 이 지역에서 버틸 수 없었는지 실내포장마차가 되었다가 설렁탕집으로 메뉴를 바꾸었다. 그렇게 잠시 외도를 하는가 싶더니 애초의 메뉴였던 중국집으로 돌아왔다. 물론 메뉴가 바뀔 때마다 주인 역시 바뀌었다.

능골삼거리에 있는 '따거'는 2016년 문을 연 1인 중국요리 전문점이다. 치킨집만큼이나 많은 곳이 중국집이다. 주변에 중국집이 10곳이 넘는다. 따거는 이들과 차별을 두기 위해 1인 요리를 선보인다. 혼자 먹기에 부담스러웠던 양과 가격을 확 끌어내렸다. 매장에 빈 테이블이 없어도 상관없다. 혼자 식사하는 테이블에 합석해도 서로 뻘쭘하지 않다. 1인 요리 전문점인데 요리보다 짜장과 짬뽕이 많이 팔린다. 이유는 수타면에 있다. 쫄깃한 면발을 주변 시세보다 낮은 가격에 맛볼 수 있다.

터가 있는 것 같다. 당구장과 중국집 주인은 바뀌었지만 업종과 메뉴는 변하지 않았다. 당구장은 공이 부딪히는 소리로, 중국집은 면을 내리치는 소리로 업종을 바꾸는 다른 가게들과는 다르게 능골삼거리 터줏대감처럼 자리하고 있다. 당구장과 중국집은 앞으로도 계속 그대로 있을 것 같다. 사람이 앉은 자리가 중요하듯이 이곳의 터는 (당구)공과 밀가루가 있어야 하는 곳인가 보다.

삶의 중심

능골삼거리는 신현천과 능원천이 만나는 곳이다. 능원천을 경계로 다리를 건너면 용인시이다. 주의해야 할 점은 쓰레기봉투를 살 때다. 거주하고 있는 행정구역의 쓰레기봉투를 잘 구분해서 구입해야 한다.

능골삼거리를 중심으로 서쪽으로 향하면 죽전을 지나 수원으로 갈 수 있다. 북쪽으로 방향을 잡아 그대로 직진하면 분당과 판교를 지나 서울까지 닿을 수 있다. 동쪽으로 발길을 돌리면 광주 시내를 거쳐 하남과 양평으로 빠진다.

능골삼거리의 장점은 이렇게 다른 행정구역과 인접해 있다는 것이다. 분당 서울대병원과 재생병원이 15분 거리이고, 죽전 이마트가 10분이면 갈 수 있다. 서쪽의 대지고개와 북쪽의 태재고개를 경계로 하나의 생활환경을 이루고 있다. 능원리와 동림리, 오산리가 지금은 용인시에 편입되어 있지만 예전에는 광주 관할이었다.

오포가 신도시 후보에 올랐을 때 순간 땅값이 콩나물 자라듯이 쑥쑥 올랐다. 그리고 신도시 계획에서 탈락되자 빌라가 빼곡히 들어섰다. 성남시 재개발과 판교 테크노밸리로 수요가 있을 것으로 예상하고 빌라를 지었다. 빌라 개발업자들의 예상은 맞았다. 집값이 비싼 분당에 거주하지 못한 세대들이 태재고개를 넘어왔다. 젊은 세대들이 저렴한 가격에 내 집 마련의 꿈을 이뤘다.

아마 이 근처 신축 빌라 대부분을 본 거 같다. 능평리 내에서만 이사를 몇 번 다녔고, 이사를 다니는 동안 계속 신축 빌라를 빠지지 않고 봤다. 그러다 보니 빌라 분양업자와 친분이 생겼고, 능평리 외에 문형리와 동림리까지 두루 돌아다녔다.

도시가스가 들어올 때까지 건축주가 LPG 비용을 지원해 주는 곳도 있었고, 김치냉장고에 빌트인 세탁기까지 서비스

나눔목공소 광주시와 용인시 경계에 '나눔목공소'가 있다. 이곳은 예전에 보건소였다. 근처 병원이 없던 시절 동네 주민들의 건강을 책임졌다. 보건소는 오포출장소가 생기면서 함께 이전했고, 보건소 자리에 시민들을 위한 목공소가 생겼다. 시민들을 위해 목공 프로그램을 운영하며 광주 시민이라면 누구나 참여가 가능하다. 정식으로 배우기 전에 이곳에서 먼저 적성에 맞는지, 취미로 시작해 보는 것도 좋다.

로 주는 곳도 있었다. 1층은 마당을 갖추고, 4층은 복층구조로 된 곳도 있었고, 펜트하우스처럼 꾸며 놓은 곳도 있었다. 어떤 곳은 땅 주인이 개발을 할 수 없는 맹지를 텃밭으로 꾸며 입주자들에게 나눠주기도 했다. 무엇보다 큰 장점은 자연과 어우러진 환경이 아닐까 싶다. 실제로 오포 구석구석을 다니다 보면 마치 강원도 깊은 산골에 들어와 있는 느낌이 들 때가 있다. 도시와 가까우면서 자연의 숨결을 그대로 느낄 수 있는 곳이기도 하다.

빌라만 들어선 것은 아니다. 군데군데 아파트도 솟아났다. 당연히 아파트는 빌라보다 비싸지만 역시 분당이나 죽전보다는 가격이 아래다. 사람들의 주거만 너무 생각한 나머지 공급이 넘쳐난 걸까. 빈틈없이 생겨난 빌라에 입주가 끝나자 도로가 포화상태에 이르렀다. 계약만기가 된 사람들은 하나둘 다시 태재고개를 넘어갔고, 집 주인은 집을 내놓기도 했다. 하지만 여전히 이곳에 머무르는 사람들이 있고, 이곳으로 들어오고 싶어 하는 사람들도 많다.

한때 분당이나 서울로 나가볼까 생각을 한 적이 있다. 그러다 이내 생각을 접고 근처 집을 알아봤다. 이곳에 살다 보면 번잡한 도시로 다시 나가기가 싫어진다. 다닥다닥 붙어 있는 시멘트 건물 사이로 들어가 답답하게 살고 싶지 않다.

이곳에는 오래된 맛집도 많고, 맛있는 커피를 파는 예쁘고 편안한 카페도 많다. 한상 가득 펼쳐지는 한정식을 싸고 맛있게 먹을 수 있는 곳도 있고, 대학병원과 대형마트도 가깝다. 도서관과 대형 어린이집이 있어 아이들 키우기에도 좋고, 식자재마트도 있어 언제든지 싸고 풍족하게 장을 볼 수 있다. 제일 큰 장점은 휴일에 이동할 때다. 어디든 편하게 갈 수 있다. 경부고속도로, 중부고속도로, 원주고속도로, 영동고속도로와 인접해 있어 전국 어디든 쉽게 빠져나갈 수 있다.

어릴 때는 능골삼거리가 읍내인 줄 알았다. 제일 번화했고 필요한 것은 다 있었다. 좁은 2차선 도로이지만 아직까지 능골삼거리는 이곳의 중심이다. 바쁘게 살아가는 사람들의 여유롭지 못한 사정을 다독여 주고, 편안한 웃음을 짓게 해주는, 변한 것은 없어 보이지만 꾸준히 바뀌고 있는, 누구나 함께 할 수 있는 삶의 중심이다.

수레실가든 · 작은 연못

수레실가든

이곳은 30년 전과 지금과 달라진 것이 없다. 외형은 그저 평범한 가정집 같은데 안에 들어서면 토굴 같은 곳에 널찍한 돌판이 여기저기 놓여있다. 돌판에 오리와 삼겹살을 구워 먹는 곳이다. 고기를 다 먹고 나면 볶음밥을 누룽지처럼 눌러 준다. 돌판만 봐도 얼마나 오래되었는지 알 수 있다. 돌판에 묵은지와 함께 구워 먹는 오리와 삼겹살, 그리고 누룽지 볶음밥은 이곳 아니면 맛볼 수 없다.

작은 연못

이곳이 처음 오픈했을 때 양희은 노래 〈작은 연못〉이 생각났다. 처음 오픈했을 때는 산장 느낌의 라이브 카페였다. 정기적으로 가수 전인권이 와서 노래를 불렀다. 전인권의 노래를 들으러 초창기에 자주 찾았던 곳이다. 그러다 근으로 고기를 파는 곳으로 바뀌었다가 지금은 카페가 되었다. 빌라가 들어서고, 젊은 세대들이 많아지자 이곳은 늘 아이들과 함께 나들이 나온 가족들로 북적인다. 아이들이 맘껏 뛰어놀 수 있는 마당이 있고, 가을이면 밤나무에서 떨어진 밤을 가져가도 뭐라고 하지 않는다. 카페 입구에 작은, 정말 아주 작은 연못이 있다.

08

천진암
인간의 존엄을 위한 세상

깊은 산골짜기, 안으로 들어갈수록 수려한 풍경이 펼쳐진다. 봄, 여름에는 짙푸른 녹음이 울창하게 우거져 있고 가을에는 형형색색의 단풍이, 겨울에는 녹지 않은 눈이 어우러져 계절을 막론하고 자연을 즐기기에 좋은 곳이 있다.

서울 근교의 휴식처

이전에는 촬영 스튜디오가 밀집해 있었다. 주말이면 웨딩 촬영을 하러 온 예비 신혼부부들이 턱시도와 웨딩드레스를 입고 신혼의 단꿈을 꾸며 웨딩 촬영을 했었다. 서울 고궁에서 주로 이루어지던 야외 촬영이 특색 있는 콘셉트를 가진 스튜디오가 이곳에 생기면서 예비 신혼부부들의 촬영 장소로 유명해졌다.

천진암 계곡 주변에는 평상을 놓고 손님을 맞이하는 음식점 또한 즐비했었다. 아무리 무더운 한여름이라고 하더라도 울창한 숲으로 덮인 계곡은 에어컨을 틀어놓은 것처럼 시원했다. 주말이면 광주 시민뿐만이 아니라 다른 지역에서도 가족, 연인과 함께 그동안 쌓인 피로를 풀기 위해 주말 나들이로 천진암 계곡을 찾아오곤 했다.

지금은 예전처럼 웨딩 촬영을 하지는 않는다. 그 많았던 스튜디오가 하나둘씩 빠져나갔고, 야외 웨딩을 하는 곳만 남

천진암 성지 입구 광주지역은 한국 천주교의 발상지이자 처참한 박해와 거룩한 순교가 이루어진 곳이다. 천진암은 전 세계 유일한 자발적 성지이다.

앗다. 식당 역시 문을 닫았다. 여름 문턱부터 계곡에 놓여 있던 평상이 없어졌다. 계곡에 발을 담그고 음식을 먹을 수 있는 곳은 사라졌지만 아직까지 자리를 지키고 있는 토속 음식점과 전통 찻집이 남아 있다.

관음사거리에서 천진암 방향으로 핸들을 돌려 길을 따라 가다 보면 편도 2차선 도로가 1차선으로 줄어들면서 천진암 계곡으로 들어선다. 한참을 가고 여기가 끝인가 싶을 때, 눈에 띄는 식당과 찻집이 나온다. 하지만 여기가 끝이 아니다. 한 번 더 주행을 해보자. 오래된 식당과 찻집을 지나 안으로 더 들어가면 계곡 바로 옆으로 예쁘게 지어 놓은 펜션이 나온다. 이전에 있던 식당이 낙엽 떨어지듯 우수수 사라지면서 펜션이 들어섰다. 여름이나 가을은 말할 것도 없고 겨울에 와도 운치가 있다. 꽁꽁 언 계곡과 나뭇가지에 쌓인 눈이 고즈넉한 풍경을 만들어 주기 때문이다. 그만큼 천진암 계곡은 깊다. 깊은 계곡이 품고 있는 것은 수려한 자연경관뿐만이 아니다. 한국 천주교회가 처음 탄생한 곳이면서 성모마리아의 따뜻한 품처럼 신앙심이 꽃피었던 곳이다.

학문에서 종교로

1984년 한국 천주교회는 떠들썩했다. 전 세계 천주교인들을 이끌고 있는 교황이 한국을 내방한 것이다. 폴란드 바도비체에서 태어난 교황 요한 바오로 2세는 1978년 교황으로 선출됐다. 이탈리아인이 아닌 교황은 455년 만의 일이었다. 그는 2005년 4월 2일 선종하기까지 많은 일들을 했다. 1994년 『3천 년을 맞는 칙서(勅書)』를 통해 과거 천주교회가 종교의 이름으로 저지른 불관용(不寬容)과 전체주의 정권에 의한 인간기본권의 유린을 묵인한 잘못을 인정했다.

그가 교황으로 있으면서 강조한 것 중에 하나가 '인간의 존엄성'이다. "인간은 하느님의 길이요, 교회의 길"이라고 했다. 그러면서 '사랑, 자비, 정의'를 인간관계의 중심에 두었다.

한국 천주교의 최초 발생은 선교사나 성직자에 의해서가 아니라 학문을 통해 종교로 전파되었다. 세계 유일하게 자발적으로 '천학(天學)'이 신앙으로 발전하여 자리 잡게 된 곳이 바로 천진암이다. 유교의 교육을 받은 젊은 선비들이 불교의 암자에서 천주교 교리를 연구하였고, 이를 실천에 옮기면서 천주교가 탄생한 것이다. 이는 천주교회 역사상 유례없는 일이다.

천진암에서 천주교가 태동하기 이전부터 천학에 대한 연구는 있어 왔다. 서구문화에 대한 서적들이 중국에서 유입되면서 허균 등이 관심을 가졌고, 최초의 한글 소설 『홍길동

전』을 집필하였다. 이후 이벽이 천진암(天眞庵)에서 강학회를 진행하면서 정약용, 정약전, 정약종 형제 등이 신앙심을 키웠다.

광주지역은 한국 천주교의 발상지이자 처참한 박해와 거룩한 순교가 이루어진 곳이다. 천진암은 전 세계 유일한 자발적 성지이다.

순교자의 땅

교황 요한 바오로 2세는 1984년 첫 방문 시 비행기에서 내리자마자 땅에 엎드려 입을 맞추며 "순교자의 땅!"이라고 했다. 그만큼 한국 천주교회는 스스로 진리를 탐구하여 전파하고 순교를 통해 믿음의 증거를 보였다.

유교가 뿌리 깊게 자리 잡은 조선의 지배 구조에 천주교 교리는 반발 그 자체였다. 개혁사상을 가진 지배층과 천민들은 자연스레 천주교 교리에 동화되었고, 점점 교인이 늘어났다. 민중이 구심점이 되어 퍼져 나간 천주교는 18세기 말에 들어 그 교세가 크게 확장되었다. 청나라 주문모(周文謨) 신부가 조선에 들어왔고, 천주교에 대해 관대했던 정조의 조치로 천주교는 별 탈 없이 민중 속으로 자리를 잡아갔다.

천주교 확대에 불편함을 느낀 것은 유교였다. 가부장적이고 의식과 의례를 중시 여기는 유교는 이를 거부하는 천주교가 기득권 세력에 대한 도전이자 위협이었다. 그러던 중 정조가 죽자 본격적인 천주교 탄압이 이루어졌다. 바로 신유박해(辛酉迫害, 1801)이다.

정조에 이어 어린 순조가 왕위에 오르고 정순대비가 섭정을 하면서 사교(邪敎)·서교(西敎)를 엄금·근절하라는 금압령을 내렸다. 정치적 목적이 강한 종교탄압이었다. 당시 집권 세력이었던 노론 등의 보수 세력이 정조 집권 시기에 세력을 키운 남인과 개혁사상을 가진 정치 세력들을 숙청하기 위한 목적이 컸다. 천주교 탄압으로 신 개념에 눈을 뜬 사상가들과

■ 한국천주교회 창립에 대한 교황님의 말씀 ■

한국에 천주교 신앙이 시작된 것은 세계 교회 역사상 유일한 경우로서, 한국인들 스스로에 의해 자발적으로 되었으니, 진리탐구로 향하는 시頭開的이 本性的인 確信이 성립한 구현에 힘써나 종료판가를 깨닫게 하여 – 중국인 사제 2명이 잠시 임했던 기간을 제외하고는 –

1779년부터 1835년까지 56년간이나 선교사없이 자신들의 조국에 복음의 씨를 뿌린 이 한국평신도들은 마땅히 韓國天主敎會創立者들이라고 해야한다.

1984년 10월 14일, 로마 성 베드로 대성당에서, 교황 요한 바오로 2세

In Corea la fede fu recata - caso unico nella storia - spontaneamente dai Coreani stessi. Questi laici, uomini e donne, giustamente considerati i "Fondatori della Chiesa" in Corea, per ben 56 anni, dal 1779 al 1835, senza l'aiuto di sacerdoti - tranne la presenza assai breve di due sacerdoti cinesi - hanno diffuso il Vangelo nella loro patria.

1984. 14. Ottobre, Giovanni Paolo II in Basilica di San Pietro, Roma.
(L'Osservatore Romano, 1984. 15. Ottobre)

한국 천주교회 창립에 대한 교황님의 말씀 천진암 입구에 세워져 있는 이 안내문에는 이렇게 쓰여 있다. "1779년부터 1835년까지 56년간이나 선교사 없이 자신들의 조국에 복음의 씨를 뿌린 이 한국 평신도들은 마땅히 한국 천주교회 창립자들이라고 해야 한다".

정약종, 주문모 신부 등 천주교인 약 100여 명이 처형되었고, 약 400명이 유배를 갔다.

광주 유수부 치소가 남한산성 안으로 들어오면서 남한산성은 천주교 순교지가 되었다. 남한산성은 군사적 요충지로 군사 훈련지인 연무관이 있는가 하면, 광주 고을을 다스리기 위해 반역자나 강도와 같은 범죄자를 잡아들이는 토포사(討捕使)가 있었다.

토포사는 국가 정책으로 천주교 탄압을 하라는 지시가 내려오자 남한산성 인근의 천주교인들을 샅샅이 뒤지기 시작했다. 병인박해(丙寅迫害, 1866) 때에는 너무 많은 천주교인이 잡혀 오자 군졸들조차 피 보는 것에 진저리를 쳤다고 한다.

잡혀 온 천주교인들은 온갖 고문을 당했다. 그중에 하나가 백지(白紙) 사형이다. 팔과 다리를 묶고 얼굴에 물을 뿌리고, 종이를 한 장씩 붙이는 형벌이다. 종이가 물을 먹어 코와 입을 막아 호흡을 할 수 없게 되어 결국 목숨을 잃는 방식이다. 이외에도 상상할 수 없는 끔찍한 고문과 처형이 자행되었다.

감옥에서 온갖 고문과 죽임을 당하면서 남한산성 안에 있는 감옥이 저절로 순교터가 되었다. 이렇게 죽은 교인을 동문 밖에 내다버렸는데 그 문이 수구문이다. 수구문(水口門)을 시구문(屍口門)이라 부르는 이유가 시체가 너무 많이 나가고, 피가 계곡을 이루었다는 데에서 유래되었다.

이전에는 '나 이외의 다른 신을 모시지 말라'는 계명을 지키기 위해 제사를 지내지 못하게 했지만 지금은 천주교에서 조상을 위한 제사를 허용하고 있다. 이는 한국인의 정서에 맞춘 것이고 제사를 '부모를 공경하라'는 계명의 한 부분으로 재해석한 것이다. 2013년 제266대 교황이 된 프란치스코는 "동성애자라고 하더라도 선한 의지를 갖고 주님을 찾는다면 어떻게 심판할 수 있겠느냐"며 성소수자들에 대한 열린 시각을 보여줬다. 물론 천주교 내 보수 진영과의 마찰은 있겠지만 철저하게 갇혀 있던 교리에서 사회의 목소리에 문을 열고 귀를 기울이는 모습이다.

어찌 보면 한국의 유교문화처럼 단단하고 꽉 막힌 천주교회가 시대의 변화에 조금씩 반응하는 모습이다. 종교의 믿음과 신념은 개개인의 몫이다. 그러나 그 신념이 절대적이어서도 타인을 향한 비방이나 구속이 되어서도 안 된다. 우리가 살아가고 앞으로 살아갈 세계는 존중과 이해, 공존이 우선시되어야 하니까 말이다.

성(聖)과 속(俗)

천진암 성지를 오르면 자연스레 경건해진다. 주차장에서 언덕을 오르는 길에는 '십자가의 길 14처'가 있다. 언덕에 오르면 대성당 부지가 넓게 펼쳐져 있고, 25t의 청동으로 만든 높이 15m의 '세계평화의 성모마리아상'이 왼쪽에 있다. 말 그대로 위압감이 느껴진다. 대성당은 아직 머릿돌만 있고, 공사를 진행하지도 않았는데 어마어마한 부지만으로도 압도당한다. 매년 6월에는 이곳에서 한국 천주교회 창립 기념행사를 연다.

이곳에 올랐을 때 드는 생각은 명상과 묵상이다. 어디가 되었든 어느 곳에서든 자연스레 두 손을 모으고 기도를 하게 된다. 천주교의 발상지라는 인식이 있어서 그런지 몰라도 성스럽고 경건해야 한다는 마음가짐이 든다. 온갖 핍박과 구속에도 굴하지 않고 자신의 믿음과 신념을 지켜온 성인(聖人)들. 그들의 기도가 단단하게 다져져 이곳을 찾는 이들에게 강복(降福)을 해주는 것만 같다.

천주교인은 물론 꼭 찾아가 봐야 하는 곳이다. 미사를 드리지 않더라도 순례자의 길을 걸으며 묵상을 통해 옛 성인들의 신심(信心)을 느껴 보는 것도 좋다. 무신론자이거나 타 종교인이라도 한 번쯤은 방문해 볼 만하다. 볼거리가 풍성하지는 않지만 한국 천주교의 발생지라는 상징적 의미만으로도 충분하다.

어느 종교를 가졌든 어느 정파를 후원하고 있든 인간의 존

천진암 한국 천주교의 최초 발생은 선교사나 성직자에 의해서가 아니라 학문을 통해 종교로 전파되었다. 세계 유일하게 자발적으로 '천학(天學)'이 신앙으로 전하여 자리 잡게 된 곳이 바로 천진암이다. 유교의 교육을 받은 젊은 선비들이 불교의 암자에서 천주교 교리를 연구하였고, 이를 실천에 옮기면서 천주교가 탄생한 것이다. 이는 세계 천주교회 역사상 유례없는 일이다.

엄성은 중요하다. 인간의 존엄이 무시되고 말살되는 세상은 생각만 해도 끔찍하다. 21세기를 살아가고 있는 현재도 세계 곳곳에서는 인간의 존엄이 무참히 짓밟히고 있다. 종교가 다르다는 이유로, 사회적 계급이 다르다는 이유로, 성별이 다르다는 이유로, 태생이 다르다는 이유로, 이념이 다르다는 이유로, 각종 무기로 살육을 정당화하는 전쟁 외에도 인간의 존엄을 강탈하는 살인이 여전히 벌어지고 있다. 인간의 존엄은 나이, 성별, 인종, 빈부 등등 그 어떤 것에도 구애받지 않고 존중되어야 한다.

조선시대 인간의 존엄성을 깨닫고 인간의 존엄성을 지키기 위해 신앙을 선택한 고귀한 순교자들의 기도가 울림이 되어 전파된 곳이 이곳, 광주 천진암이다.

09

경안천 습지생태공원
신비한 생태 탐험

도시에서 나고 자란 사람이 아니라면, 유년 시절을 아파트와 빌딩 숲에서 보낸 사람이 아니라면, 자연과 어울렸던 추억이 있을 것이다. 지방에서 올라온 직장 동료는 도시 출신들을 부러워했다. 다양한 도시문화를 접하며 성장한 도시인들의 유년을 호기심 가득한 눈으로 경청했다. 하지만 반대로 도시에서 나고 자란 사람은 세월이 지날수록 지방 출신들을 부러워한다. 돌아갈 고향과 지금은 경험할 수 없는 그들의 유년이 부러울 뿐이다. 그래서 도시농부가 생기고 귀농과 귀촌 등 농촌으로 향하는 도시인들이 늘고 있다.

사라지는 자연과 놀이

초등학교 들어가기 전까지 동네를 돌아다니며 서리를 했었다. 오이·무·콩 등 밭에 심긴 농작물들을 주인 몰래 뽑아다 먹었다. 집에 먹을 것이 없었거나 배가 너무 고파서 그런 것이 아니었다. 동네 친구들과 어울리다 재미삼아 하는 놀이 같은 거였다. 설익은 무를 씹었을 때는 떫은맛 때문에 삼키지 못하고 도로 뱉어버리곤 했다.

그러다 서리가 절도라는 뉴스를 봤다. 아이들이 서리를 하

다가 주인에게 걸렸는데 절도라는 판결이 나온 것이다. 그 이후로는 유년에만 할 수 있는 서리라는 놀이, 아니 추억이 사라졌다. 남이 귀중하게 기르는 작물을 몰래 훔치는 짓은 분명 범죄다. 하지만 추수가 끝나고 새나 들짐승에게 모이를 남겨 놓듯이 심하지 않은 한도에서 밭주인이 어느 정도 눈감아주는 경우도 있었다.

밭에는 원두막이 있었다. 원두막에서 수박을 쪼개 먹거나 낮잠을 자면 그렇게 시원할 수가 없었다. 원두막의 기능은 감

경안천 습지생태공원

시초소다. 탐스럽게 영글어 가는 작물을 누가 훼손하거나 훔쳐 가지 못하게 밭머리에 만들어 놓았다.

어릴 때는 지금처럼 놀이가 많지 않았다. 오락실도 없었고 만화방도 없었다. 혹 있다고 하더라도 출입하다 부모님이나 선생님에게 걸리면 그날은 꼼짝없이 회초리를 맞아야 했다. 지금은 아이들을 위한 키즈 카페가 있고, 코인 노래방이 있고, PC방이 있고, 집에서 충분히 놀 거리들이 많다. 특히 스마트폰이 나오면서 실외 놀이보다는 실내에서의 놀이가 보편화되었다. 학습을 게임처럼 즐기는 프로그램도 있으니.

이름조차 기억나지 않는 동네 아이들과 어울리면서 할 수 있는 놀이는 그저 동네를 배회하는 것뿐이었다. 무리 지어 돌아다니면서 온갖 곤충을 잡고 흙장난을 하는 것이 전부였다. 귀뚜라미나 메뚜기, 방아깨비, 잠자리 등을 잡았고, 어떤 녀석은 개구리나 잠자리를 잡아 실에 묶어 다니기도 했다. 한 녀석이 개미 똥구멍을 빨아 먹으면 맛있다는 말을 한 것이 기억에 남는다. 물론 나는 그런 짓은 하지 않았다. 나름 비위가 약해 개구리나 메뚜기, 귀뚜라미를 구워 먹으면 맛있다는 소리에도 현혹되지 않았다.

신기했던 것은 방아깨비였다. 방아깨비를 잡아 뒷다리를 잡고 있으면 방아를 찧는 것처럼 상체를 위아래로 움직인다고 해서 방아깨비라고 했다. 실제로 방아깨비를 잡아 뒷다리를 잡고 있으니 얼마 지나지 않아 진짜 방아를 찧는 것처럼 상체를 위아래로 흔들었다. 벌을 잘 잡는 녀석도 있었다. 녀석은 신발을 벗어 주위에 온 벌을 겁도 없이 신발로 낚아채더니 팔을 크게 몇 바퀴 돌리고 나서 벌을 땅바닥에 팽개쳤다. 신발에서 나온 벌은 어지러운지 꼼짝도 하지 않았다.

잔인한 녀석도 있었다. 잡은 곤충을 12볼트 건전지에 연결해서 감전을 시켰다. 개미를 잡아다 돋보기로 화형을 시키기도 했고, 어지러워 꼼짝하지 못하는 벌의 침을 손톱으로 잡아 뽑기도 했다. 그런데 그 녀석 때문에 알게 된 것이 있었다. 덩치 좋은 귀뚜라미 한 마리와 왜소한 귀뚜라미를 작은 유리병에 같이 넣어 두었는데 몇 시간이 지난 뒤 작은 귀뚜라미가 없어졌다. 덩치 좋은 놈이 작은 놈을 먹어치운 것이다. 귀뚜라미가 동족을 잡아먹는다는 것을 처음 알았다. 이것이 사실인지 아닌지는 모르겠지만 그때 눈으로 분명 확인했었다.

땅을 파면 토실토실하게 살이 오른 지렁이는 물론이고 땅강아지, 지네까지 나왔다. 가끔은 뱀이 도로 위에 죽어 있을 때가 있었다. 멋모르고 외출을 했다가 지나가는 차에 깔린 모양이었다. 다행이 독사는 없었다. 독사를 구별하는 법은 머리 모양이 세모꼴이면 독사라고 했다. 살아 있는 뱀을 맞닥뜨리면 도망갈 때 절대 직선으로 뛰면 안 된다. 뱀이 워낙 날렵하고 빠르기 때문에 지그재그로 뛰어야 한다고 배웠다.

동네 뱀이나 참새, 이름 모를 동물 사체를 발견하면 우리는 뒷동산으로 올라갔다. 거기서 제일 나이 많은 형이 제사장이 되어 동물들의 제사를 지냈다. 손으로 구덩이를 파고, 사체를 넣고, 나뭇가지로 십자가를 만들었다. 아이들은 흙으로 곱게 덮어준 다음 극락왕생을 빌 듯 나무아미타불을 외치며 절을 했다. 십자가를 앞에 세워 놓고 말이다.

도시가 커지고, 아스팔트에 시멘트가 깔리면서 흙길은 없어졌다. 늘 볼 수 있었던 하루살이부터 크고 작은 곤충들이 사라졌다. 어릴 때 무서워하던 벌레는 사마귀였다. 사마귀는 교미가 끝난 뒤 암컷이 수컷을 잡아먹는다는 얘기를 들었다. 이유야 어찌 되었든 생긴 것만으로도 무서운 놈이었다. 몸도 다른 곤충에 비해 크고 게다가 날기까지 한다. 지금은 바퀴벌레가 제일 무섭다.

람사르협약과 습지

도시가 발전하고 인간 위주의 환경 파괴가 이루어지면서 자연 생태에 관심이 생기기 시작했다. 물길을 끊고, 산을 밀고, 나무를 베고, 터널을 뚫으면서 인간과 함께 어울렸던 자연은 병들기 시작했다. 환경과 생태는 엄밀히 말하면 다르다. 환경은 직접적 영향을 주지만 생태는 서로 긴밀히 연결되어 순환 구조를 갖는다. 생태계의 피라미드 구조처럼 균형을 이루며 유지해야 하지만 어느 한 곳이 삐끗하거나 어긋나 버리면 자연 생태계는 무너지고, 커다란 자연 재앙이 닥친다.

보존하고 유지해야 하는 자연 생태계 중에 하나가 습지다. 2008년 한국에서 제10차 람사르협약 총회가 열렸다. 람사르협약은 습지와 습지의 자원을 보전하기 위한 국제 환경협약이다. 이란의 람사르 지역에서 1971년 처음 체결되었다.

한국에서 총회가 열리면서 우리나라에서도 습지에 대한 관심이 높아졌다. 습지는 단순히 말해 젖어 있는 땅을 말한다. 항상 물을 머금고 있기 때문에 홍수를 예방해 주고, 가뭄이 들어 물이 말랐을 때에는 물속에 사는 동식물이 살 수 있는 환경을 제공해 준다. 이전에는 습지를 죽은 땅이라고 여겨 개량을 해서 논이나 밭, 혹은 공장지대나 주거 용도로 집을 지어 많은 습지가 사라졌다. 그러나 습지의 중요성이 대두대면서 습지를 보존하고 가꾸는 작업을 하고 있다.

습지의 조건은 그 형태가 어떻든 구분하지 않는다. 인공적이든 자연적으로 생성된 것이든 아니면 영구적이든 일시적이든 물의 깊이가 6m를 초과하지 않는 곳을 말한다. 물이 고여 있거나 계속 흐르거나 소금기가 조금 있거나 아예 바닷물이거나, 간조 때 물이 빠졌을 때 남아 있는 물의 기준이 6m이다. 습지는 자연정화 능력이 뛰어나다. 각종 동식물이 서식하면서 주변 환경을 정화시킨다. 수질, 공기, 생태가 자생적으로 이루어지면서 인간에게도 천혜의 환경을 마련해 준다.

이전에는 경기도 광주에 습지가 없었다. 광주의 젖줄인 경안천이 흘렀고, 무갑산 등 여러 산으로 둘러싸여 있었다. 광주에 자연 생태를 가진 습지가 탄생한 지는 불과 몇 십 년 전이다. 습지생태공원이 만들어지면서 광주는 한층 자연과 가까워졌고, 광주 시민들은 도시개발로 잃어버렸던 유년의 추억들을 만들 수 있게 되었다.

인간을 더 이롭게

경안천 습지생태공원은 습지 조성 계획을 세우고, 치밀하게 계산하여 인공적으로 탄생한 공원이 아니다. 1973년에 완공된 팔당댐 건설 때 저지대와 농지가 일부 침수되었다. 이때 자생적으로 생성된 곳이 경안천 습지이다. 습지의 중요성이 대두되면서 광주시에서 공원으로 만들어 꾸준히 관리를 하고 있다.

경안천 습지생태공원은 약 4만 9,000평(16만km²)이다.

약 2km의 산책로가 있고 나무를 비롯한 다양한 식물과 곤충, 어류가 서식하고 있으며 때마다 철새들이 모여드는 곳이다. 계절마다 변하는 아름다운 풍경을 가지고 있어 사시사철 광주 시민은 물론, 다른 지역에서도 많이 찾아오는 곳이다. 게다가 생태의 보고를 한눈에 볼 수 있어 자연 생태 학습장으로 활용되기도 한다.

습지는 자연정화 기능이 높아 수질환경을 개선해 주고, 수질오염 또한 막아 준다. 습지에는 다양한 미생물과 수변 식물

경안천 습지 보존하고 유지해야 하는 자연 생태계 중에 하나가 습지다. 2008년 한국에서 제 10차 람사르협약 총회가 열렸다. 람사르협약은 습지와 습지의 자원을 보전하기 위한 국제 환경협약이다. 이란의 람사르 지역에서 1971년 처음 체결되었다. 2008년 한국에서 총회가 열리면서 우리나라에서도 습지에 대한 관심이 높아졌다.

이 서식하며 동식물이 살아갈 수 있는 깨끗한 환경을 만들어 주고 있기 때문이다. 49.5km에 이르는 경안천은 용인시 문수봉에서 발원하여 능원천, 고산천, 직리천, 중대천, 목현천, 곤지암천 등과 합쳐져 팔당호로 흘러든다. 그러기에 수도권 상수원을 책임지고 있는 팔당호 길목에 자리 잡은 경안천 습지가 중요한 역할을 맡고 있는 셈이다. 이처럼 습지는 동식물에게만 이로운 것이 아니다.

습지는 인간에게 휴식의 공간도 제공한다. 계절마다 아름다운 풍경을 만들어 주고, 동식물을 비롯한 각종 자연 생태계를 보존하고 있기에 자연을 탐사하고, 공유할 수 있게 해준다. 공원이 조성되면서 생긴 산책로는 휴일이면 자연을 즐기러 오는 사람들로 붐빈다.

공원 입구에는 산책로 지도가 그려진 안내도가 있고 화장실 등의 편의시설이 있다. 소나무·왕벚나무·단풍나무·감나무·왕버들·선버들 등이 우거진 길을 따라 걷다 보면, 연못 위로 놓인 목재 데크를 만나게 된다. 마치 봄, 여름, 가을, 겨울을 지나 연못에 닿는 것처럼 봄의 벚꽃길을 걷다가 여름의 시원한 메타세쿼이어를 지나, 가을에 탐스럽게 열리는 감나무에 이어 연못의 연잎 위를 걷는 느낌이란……. 겨울이라고 해서 찬바람만 쌩쌩 부는 것은 아니다. 꽁꽁 언 수면 위에 소복이 쌓인 눈, 그 위를 날아오르는 철새들, 이 풍경을 담기 위해 많은 사진작가들이 이곳을 찾는다.

산책로를 걷다 보면 곳곳에 갈대 습지의 수질 정화 원리와 습지에 서식하고 있는 식물, 곤충, 조류 등에 대한 안내문이 있어 주말에 손잡고 나온 아이들에게 자연 생태에 대한 설명을 해주는 등의 학습 효과도 노려볼 수 있다.

여름만 되면 모기떼들이 윙윙거리거나 온갖 벌레가 우글거릴 거라고 예상했다면 다시 생각해 보자. 생태는 자연 순환의 원리를 갖고 있다. 생태가 살아 있다는 것은 인간을 포함한 모든 생명들이 원활하게 공존할 수 있다는 것이다. 약을 아무리 뿌려도 모기떼들이 득실거리는 도시와 달리 습지생태공원은 모기를 비롯하여 온갖 잡벌레를 먹이로 삼는 천적이 서식하고 있다. 산책로에는 그동안 잊고 있었던 유년의 자연이 놓여 있다. 기억할 수 있는, 체험할 수 있는 자연 속으로 들어가는 산책로이다.

습지생태공원의 터줏대감들

경안천 습지생태공원에는 많은 나무들이 서식하고 있는데 그중에 생명의 나무라고 불리는 버드나무가 있다. 키가 큰 버드나무는 온대 중부지역에서, 키가 작은 버드나무는 기온이 낮은 추운 지역에서 잘 자란다. 버드나무는 물을 좋아하기 때문에 냇가와 같은 물가에 분포되어 있고, 뿌리는 물고기들이 서식하기에 좋은 환경을 갖추고 있다.

버드나무를 생명의 나무라고 하는 데는 이유가 있다. 우리 조상들은 민간요법으로 배나 이가 아프면 버드나무 잎이나 줄기를 씹었다. 양치(養齒)질은 버드나무 가지를 의미하는 양지(楊枝)에서 유래되었다고 한다. 1897년 독일의 화학자인 호프만이 버드나무에서 추출한 아세틸살리실산 성분을 이용해서

자연정화 수변 식물들이 경안천을 자연정화시키고 있다.

만든 것이 아스피린이다.

이 밖에도 부들, 줄, 갈대, 연꽃 등과 같은 정수식물이 있다. 한겨울에 갈대 주변에는 얼음이 다른 곳보다 덜 언다. 갈대 뿌리가 여름 내내 품고 있던 열을 겨울이면 뿜어 주기 때문이다. 그래서 아무리 추운 한겨울에도 다른 곳보다 온도가 높아 물고기나 다른 생물들이 서식하기에 좋은 환경을 만들어 준다.

연꽃은 갈대보다 정화 능력이 8배나 높다. 전 세계에 단 2종만 남아 있고, 현재 우리나라에 1종이 서식하고 있는 멸종 위기인 낙지다리도 경안천 습지생태공원에서 볼 수 있다. 낙지다리는 꽃이 지고 난 다음 줄기 윗부분에 열매가 맺히는데 그 모양이 마치 낙지 다리 같다고 해서 붙여진 이름이다.

우리가 익히 아는 물방개, 하루살이, 강도래, 물땅땅이, 소금쟁이, 풍뎅이, 무당벌레, 거품벌레, 장구애비 등의 곤충이 습지생태공원에 자리를 잡고 살고 있다. 곤충은 서식지와 호흡법에 따라 분류할 수 있다. 서식지에 따라서 물속에 사는 수서곤충, 물과 땅을 오가는 반수서 곤충, 육지에 사는 곤충으로 나눌 수 있다. 그중 물속에 사는 수서곤충은 물고기나 새의 먹이가 되기도 하지만 죽어서 썩은 동식물들의 사체를 먹이로 삼아 청소부 역할을 한다.

겨울이 되면 철새들이 이곳을 다시 찾아오는데 고니와 왜가리가 대표적이다. 고니는 헤엄칠 때는 목을 S자 모양으로 굽히고, 주변을 경계할 때는 목을 수직으로 세운다. 왜가리는 사냥을 할 때면 움츠렸던 목이 스프링처럼 튕겨 나가 재빠르게 먹이를 낚아챈다.

물속에서는 피라미, 잉어, 가물치, 송사리, 붕어 등의 물고기도 함께 어울려 경안천 습지생태공원을 이루고 있다.

경안천 습지생태공원 산책로 산책로가 잘 조성되어 있어 느긋하게 한 바퀴 돌고 나면 상쾌해진 기분을 맛볼 수 있다. 연못 옆을 걸을 때 물장구치는 소리가 들려 고개를 돌려 보면 팔뚝만 한 잉어들이 가득한 것을 볼 수 있다. 생태공원을 한 바퀴 도는 데 약 40분이 걸린다.

잊고 있었던, 시멘트 세계에 갇혀 잠시 멀리 떨어져 있었던 유년의 자연을 이곳에 가면 만날 수 있다. 단순 자연 생태 학습으로 여기면 따분하고, 지루할 수 있지만 아이들, 혹은 연인과 손을 잡고 산책로를 거닐다 보면 자연의 생태가 우리에게 주는 정화를 몸으로 느낄 수 있을 것이다. 습지는 생태만을 복원하는 것이 아니라 각종 스트레스로 피폐해진 인간의 몸과 마음까지 깨끗하게 정화해 준다. 생태공원을 한 바퀴 도는 데 약 40분이 걸린다.

····· 더 보기 :
베이커리 카페, 빵내음

퇴촌 시내를 다니다 보면 지붕에 '빵내음'이라고 커다랗게 써 놓은 곳을 쉽게 찾을 수 있다. 게다가 항상 넓은 주차장에 차들이 빼곡히 주차되어 있어 처음 지나가는 사람도 호기심에 들리는 곳이다. 안으로 들어서면 빵을 굽고 판매하는 곳이 있고, 빵과 커피를 마실 수 있는 별관이 따로 있다. 건물 뒤로는 개울이 흘러 가족 단위로 휴식을 취하기에 좋다. 여기서 만드는 모든 빵은 천연 발효종으로 만들었고, 버터 역시 천연버터를 사용하기 때문에 친환경적이다. 제과기능장 심사위원인 송기석 제과기능장이 운영하고 있는 본점이다.

10

스테이지원
소리가 맛있는 카페

그는 공사를 마무리하고 음향 밸런스까지 체크했다. 카페를 나서려는데 노신사 네 명이 악기를 하나씩 들고 무대에 오르는 것이 보였다. 뭐지? 서울도 아니고 지방 작은 라이브 카페에서 나이 많으신 분들의 연주라니. 어떤 곡들을 연주할까. 연주가 시작되자 갑자기 그의 심장이 쿵쾅거렸다.

0단계 — 꿈

벤처스(The Ventures)였다. 그가 초등학교 때 처음 듣고 너무 좋아서 120분짜리 카세트테이프에 앞뒤로 한 곡씩 녹음해 매일 듣던 곡들이었다. 주말이면 서울에 있는 종로서적이나 교보문고에 나가 벤처스 악보를 찾아다닐 정도로 벤처스에 푹 빠져 있었다. 그렇게 좋아했던 곡을 이곳에서 만나다니. 아예 자리를 잡고 앉았다. 이석래 대표는 이 우연한 만남을 계기로 카페 '스테이지원(Stage One)'을 꿈꾸기 시작했다.

벤처스는 인스트루멘탈 록(Instrumental Rock)을 기반으로 돈 윌슨과 밥 보글 등이 모여 1958년 미국 워싱턴주 타코마에서 결성된 악단이다. 그룹사운드나 밴드라는 표현보다 악단이라는 표현이 더 잘 어울리는 4인조 밴드이다. 기타 두 대, 베이스, 드럼으로 이루어진 벤처스는 보컬이 없고, 자신만의 개성 있는 소리를 내는 연주를 했다. 앨범 40장 이상이 빌보드 차트에 오를 정도로 인기는 대단했다. 당시 비틀즈보다 인기가 더 많았다.

벤처스라는 이름을 처음 들어본 사람은 있을지 몰라도 이들의 음악을 한 번도 안 들어본 사람은 없을 것이다. 예능이나 여타 방송 프로그램에 BGM으로 사용될 정도로 워낙 유명한 곡들이 많다. 게다가 기타를 처음 시작할 때 이들의 곡을 꼭 필수 곡처럼 연습하곤 했다. 나 또한 고등학교 때 처음 기타를 치면서 파이프라인(Pipeline)을 연습했으니까.

파이프라인을 비롯하여 상하이 트위스트(Shanghai Twist), 예능 프로에 많이 나오는 하와이 파이브 오(Hawaii Five-O)

등 첫 소절만 들어도 "아~" 하면서 고개를 끄덕이게 하는 곡들이 많다. 이석래 대표는 잊고 있었던 유년 시절을 다시 만났다.

당시 이석래 대표는 라이브 카페 방음, 음향 관련 공사를 하고 있었다. 미사리, 장흥을 비롯하여 전국에 라이브 카페 붐이 일었다. 그는 바쁘게 전국을 돌아다녔다. 가수들의 개인 작업실과 라이브 카페 음향 공사를 하기 전 가수 조동진, 조동익이 운영했던 '하나음악'에서 녹음 기사로 근무한 경력이 많은 도움이 되었다. 인맥을 통해 소개를 받고, 다시 입소문으로 알려지면서 바쁘게 뛰어다녔다. 전국 라이브 카페 공사의 80% 정도를 그가 했다. 그러다 청주 한 라이브 카페 공사를 마치고 노신사들이 연주한 벤처스를 들은 것이다.

연주가 끝나고 감사의 표시로 그들에게 맥주를 대접했고, 노신사분들은 그의 명함을 받았다. 노신사분들은 나중에 용인 수지 고기리 쪽에 별장을 지을 예정인데 그때 방음과 음향 공사를 해 달라며 기약 없는 약속을 했다. 시간이 지나 진짜 그분들에게서 연락이 왔다. 공사를 진행하면서 우연한 유년과의 만남처럼 그들과의 인연은 다시 시작되었고, 멤버 중 한 분이 사고를 당하면서 이석래 대표가 빈자리를 대신하게 되었다(노신사분들의 밴드명은 블루벤이다. 블루마운틴 + 벤처스를 합친 합성어다).

친구들이 모여 만든 밴드 블루벤의 멤버들은 어느덧 환갑을 지나 고희까지 넘겨 버렸다. 하지만 여전히 고기리에서 합을 맞추며 서로가 즐겁게 음악을 하고 있다. 이석래 대표는 그분들의 모습을 보며 부러워했다. 하지만 마냥 부러워하기보다는 자신도 뭔가 좋은 사람들과 함께 어울릴 수 있는 공간을 만들면 좋겠다는 생각을 했다. 그것이 형제와 함께 하는 연주이거나 아이들과 어울리는 합주이거나 동네 사람들과 나눌 수 있는 공연이거나, 무엇이 되었든 음악으로 소통하는 공간을 구체적으로 계획하기 시작했다.

음악은 다르게 생각하면 지구상에 존재하는 언어 중에 가장

스테이지 원, 투 스테이지원은 카페이고, 스테이지투는 한마디로 놀이터다. 음악에 관심 있고, 음악을 좋아하는 사람이라면 언제든 함께 즐길 수 있는 공간이다.

강력한 세계 공통어. 가사를 알아들을 수 없더라도 오선지에 그려진 멜로디를 연주하는 순간, 연주자의 감정이 고스란히 배어 있는 곡을 들으면 굳이 말로 하지 않아도 가슴에 울컥 치밀어 오르는 감정을 느낄 수 있다. 오선지만 읽을 수 있다면, 아니 코드 몇 개만 알고 있다면 서로 언어가 다르더라도 악기를 통해 음악을 만들어 내고 함께 공감하고, 공유할 수 있다. 굳이 연주를 하지 않아도 된다. 음악을 감상하는 것만으로도 충분히 공감대를 형성할 수 있다. 함께 나누고 공감하고 소통하는······ 음악이 가진 최고의 긍정적인 힘이 아닐까 싶다.

1단계 – 레이어드 사운드

편도 2차선 도로에서 1차선 도로로, 다시 이면도로로 접어들어 아파트와 빌라가 빼곡히 들어찬 길을 요리조리 피해 가다 보면 언덕 중간에서 카페 스테이지원을 만날 수 있다. 내비게이션에 주소를 찍고 가다 보면 '이런 곳에 설마 카페가···?' 하는 의심이 든다. 아파트를 지나 빌라가 밀집한 곳을 지나 여러 공장과 창고가 뒤엉켜 있는 이런 곳에 설마······.

카페 스테이지원이 있던 자리는 원래 음료 창고였다. 서울 을지로에 가면 공구상 가게를 개조하여 개성 있는 카페로 오픈한 곳들이 많다. 작은 스테이크 집부터 카페, 와인바 등 자기만의 색깔로 젊은 층을 끌어들이고 있다.

카페 스테이지원에 들어서면 처음에는 다른 카페와 차이점을 별로 느낄 수 없다. 하지만 세심하게 들여다보면 스테이지원만의 독특하고 개성 넘치는 매력을 발견할 수 있다.

일단 벽에 주목하자. 벽에 걸려 있거나 바닥에 놓여 있는 것들이 그저 인테리어 소품처럼 보이겠지만 그 안에는 놀라운 발견이 들어 있다. 커다란 스피커는 보이지 않는데 카페 구석구석, 어디에 앉아 있든 카페에 흐르는 음악이 일정하다. 바로 인테리어 소품으로 보이는 것들에서 음악이 흘러나오기 때문이다.

음악을 전문으로 내세우는 카페나 LP를 틀어 주는 카페는 사운드가 굉장히 중요하다. 그래서 고가의 앰프와 스피커를 구입하여 카페 곳곳에 배치하고 음향 밸런스를 잡는다. 그렇지 않은 일반적인 카페는 예산에 맞춰 저가의 스피커 몇 대, 혹은 작은 스피커 몇 대, 아니면 이름 있는 큰 스피커 한두 대로 공간을 채운다. 이러면 스피커 주변은 음악 때문에 대화를 할 수 없어 큰소리로 얘기하게 되고, 음악이 미치지 않는 곳은 자연스런 대화가 가능할 수 있으나 말소리가 또렷하기 때문에 전체적으로 카페 안은 음악과 대화가 뒤엉켜 어수선해진다. 프랜차이즈 카페나 대형 카페 문을 여는 순간 카페의 안정적이고 고요한 맛보다 어디선가 웅성웅성 대는 소음들로 가득 찬 이유가 이 때문이다. 음악은 대화에 방해가 되지 않게 목소리 톤보다 살짝 낮게 깔려야 하고, 잠시 대화를 멈췄을 때는 그 여백을 부드럽게 채워 줘야 한다. 카페에 음악이 필요한 이유다.

카페 스테이지원이 안정적이고, 편안한 이유가 여기저기 소품처럼 놓여 있는 스피커 때문이다. 이 스피커는 이석래 대표가 독일 뮤직박람회에 갔다가 레이어드 사운드(Layered Sound) 특허를 낸 피아니스트 카츠(Katz)에게 특허권을 사와서 제작한 것이다. 레이어드 사운드는 간단히 말해서 가장 자연스런 소리를 구현해 내는 기술이다. 점과 선, 면이 있을 때 기존

소품 같은 스피커 음료 창고가 근처로 이전하고 그 자리에 카페를 열었다. 카페에는 다양한 모양의 스피커가 놓여 있다.

스피커는 점에서 공기를 밀어내어 소리를 내는 방식이라면 레이어드 사운드는 고정되지 않은 틀에서 울림을 통해 소리를 내는 면의 음원이다. 한 점을 향해 뻗어가는 기존 스피커와 달리 면, 즉 공간 전체에 소리를 골고루 퍼지게 하는 장점이 있다.

스피커의 모양은 어떤 형식이나 틀에 얽매이지 않고 다양할 수 있다. 원하는 디자인의 스피커를 제작하여 마치 액자처럼, 인테리어 소품처럼 만들어 공간을 채울 수 있다. 시각적인 효과와 청각적인 효과 모두를 만족시킬 수 있는 시스템이다.

이 기술은 단순 스피커에 국한되지 않는다. 공연장과 연극 극장, 카오디오 등 다양한 분야에서 사용된다. 이석래 대표가 객원 엔지니어로 있었던 학전 소극장에도 레이어드 사운드 시스템이 갖춰져 있다.

카페 스테이지원에는 작은 무대가 있다. 얼마 전까지 이 무대 위에는 드럼이 놓여 있었다. 언제든 짧은 공연을 할 수 있게 준비가 되어 있다. 지인들을 초청해 무료 공연도 했었다. 조금씩 이석래 대표의 꿈이 채색되어 갔다.

2단계 – 함께 즐기자

카페 스테이지원에 있던 드럼은 '스테이지투'로 옮겨 왔다. 스테이지투는 카페 바로 옆 건물이다. 카페 스테이지원에 있던 무대를 이곳으로 옮기면서 확장시켰다. 한마디로 소규모 공연장을 갖게 된 것이다.

이석래 대표는 드럼 연주자다. 물론 음악 옆에 오래 있다 보니 키보드, 베이스, 기타 등 다루는 악기가 많지만 그래도 중심에는 드럼이 있다. 벤처스에 푹 빠져 있을 때 큰형이 잠깐 드럼을 배운 적이 있었다. 며칠 드럼 학원을 다니는가 싶더니 이내 "나는 기타가 체질이야." 한마디 내뱉고는 드럼 스틱을 던져 버렸다. 이석래 대표는 큰형이 팽개친 드럼 스틱으로 연습용 패드를 치기 시작했다. 종로서적과 교보문고에서 사온 악보를 보며 연습했다. 제대로 배운 적이 없었지만 고등학교 때 친구 따라 간 교회에서 드럼을 처음 쳐본 순간 자신감이 붙었다. 그대로 드럼에 매진했다면 아마 한국에서 몇 손가락 안에 드는 드러머가 되어 있지 않았을까. 아쉽게도 그는 소리를 내는 것보다 소리를 담는 것에 흥미를 느꼈다.

유명한 뮤지션 옆에는 유능한 프로듀서가 있다. 작사, 작곡, 연주, 보컬도 중요하지만 이 모든 것들을 완벽하게 조화를 이루어 하나의 사운드로 만들어 내는 프로듀서의 역할이 중요하다. 이석래 대표는 누나의 소개를 받아 당시 가수 조동진이 있었던 하나음악 엔지니어로 일하게 되었다. 하나음악에 있으면서 조동익, 박학기 등 유명 뮤지션들을 만났고, 이후 공연장 오퍼레이터로 일하면서 유명 연예인들과도 친목을 쌓게 되었다.

이석래 대표는 하나음악에 있을 때에야 드럼을 제대로 배우게 됐다. 조동익 밴드의 김영석 드러머가 매일 드럼 스틱으로 허벅지를 두드리는 것을 보고 궁금해서 물었다. "야, 너 드럼 친다며? 이것도 몰라? 더블 스트로크잖아." 얼굴이 빨개졌다. 독학으로 배운 것은 한계가 있다.

내가 아는 것을 누군가에게 전해 주려면 무엇이든 제대로 알아야겠다는 생각이 들었다. 그리고 한 가지 더 든 생각은 어떤 것이든 그냥 저절로 이루어지지 않는다는 것이다. 매일 쉼 없이 꾸준히 연습하고 노력해야 저 자리에 오를 수 있다는 것이다. 타고난 재능도 있어야 하겠지만 남들보다 몇 배 더 많은 노력을 기울여야 남들 앞에 설 수 있는 실력이 되는구나. 방송에 나와 쉽고 편하게 연주하고 노래 부르는 것 같지만 그 자리에 가기까지 얼마나 피나는 연습을 했을까. 또 그 자리를 유지하기 위해 보이지 않는 곳에서 끊임없이 연습하는 뮤지션들의 모습이 대단해 보였다.

조동익 독립앨범 중 〈동경〉을 녹음할 때 실수로 레코드를 누르지 못했다. 녹음 전에 연습하는 줄 알았다. 아니 실은 연주에 너무 빠져들어 레코드 누르는 것을 깜박했다. 조동익은 베이스 기타 연주자인데 자신이 만든 플랫리스(콘트라베이스처럼 넥에 플랫이 없는 기타) 베이스를 치고 있었다. 베이스 연주자라면 플랫리스 연주가 얼마나 어려운지 잘 알 것이다. 레코딩이 안 되었다는 것을 안 조동익은 크게 한숨을 푹 쉬었다. 그리고 입을 열었다. "아, 소주나 먹자."

블루벤과 인연이 되면서 이석래 대표도 밴드를 만들고 싶었다. 형제들을 모았다. 기타에 큰형, 건반에 누나, 보컬은 작은형, 그리고 막강 드럼에 이석래. 팀 이름은 브라더스. 1년 동안 한 달에 4~5곡씩 신곡을 연습해서 공연을 했다. 음악 성향은? 산울림을 동경했다.

공연 횟수가 쌓이면서 형제끼리 통하는 것이 생겼다. 우리도 블루벤처럼 이런 공간을 만들어 해보자. 그리고 스테이지투가 생겨났다.

스테이지투는 열린 공간이다. 공연을 할 수도 있고, 유튜브 영상을 제작할 수도 있다. 이웃의 부탁으로 동네 아이들에게 드럼 레슨을 하기도 한다. 정기적으로 초청 공연을 기획하고, 스테이지투에서 하는 공연 실황을 스테이지원에서 실시간 관람이 가능하고, 유튜브 영상으로도 중계할 수 있다.

스테이지투는 한마디로 놀이터다. 음악에 관심 있고, 음악을 좋아하는 사람이라면 언제든 함께 즐길 수 있는 공간이다. 함께, 다 같이 소통하고 즐기는 시간, 스테이지투!

스테이지투에서의 공연 '마이 블루 노트' 밴드의 정기 공연

3단계 — 내일

비포장도로에 산으로 둘러싸여 창고와 가구공장만 있던 산골 짜기에 길이 나고 빌라가 들어서고, 자연을 배경으로 둔 아파트가 솟아났다. 토박이들은 땅을 팔고 외지로 나갔고, 외지인들은 터를 찾아 들어왔다. 고즈넉하고 한적한 하루가 온종일 햇볕처럼 내리쬐는 이곳에 작은 카페가 생겨났고, 소규모 공연장이 사람들을 기다리고 있다.

생활공간은 단순히 숙식뿐만 아니라 다양한 기능을 제공해야 한다. 그중에 하나가 문화다. 먹거리, 볼거리, 즐길거리 등 다양

스테이지투의 무대 시간은 일정하게 흐르지만 누구와 함께 있느냐에 따라 달라지는 하루. 스테이지원, 투에서 만나는 시간은 잊고 있었던 유년의 기억에서 출발하여 곧 다가올 내일을 열어 준다. 다 같이 악기 하나씩 들고 스테이지 위로 올라가 볼까?

한 문화를 제공할 수 있어야 활기를 띠고 에너지를 얻을 수 있다.

어떤 거대한 문화 공간은 아니더라도 이웃과 가족과 연인과 혹은 함께 즐길 수 있는 누군가와 시간을 보내는 것은 행복한 일이다. 상대성 이론은 간단하다. 지루하고 따분한 누군가와 있을 때 시간은 더디게 흐르지만 좋아하고 사랑하는 사람과 함께 있을 때 시간은 너무나 빨리 지나가 버린다. 이것이 상대성 이론이다. 시간은 일정하게 흐르지만 누구와 함께 있느냐에 따라 달라지는 하루. 스테이지원, 투에서 만나는 시간은 잊고 있었던 유년의 기억에서 출발하여 곧 다가올 내일을 열어준다. 다 같이 악기 하나씩 들고 스테이지 위로 올라가 볼까?

⋯⋯ 더 보기 : ⋯⋯⋯⋯⋯⋯⋯⋯⋯⋯⋯⋯⋯⋯⋯⋯⋯⋯⋯⋯⋯⋯⋯⋯⋯⋯⋯⋯⋯⋯
숙아채

오포에서 가장 유명한 콩나물국밥집이다. 오래되기도 했지만 가격과 양에 있어서 모자람이 없다. 주말이면 아침부터 줄을 선다. 푸짐한 콩나물국밥을 먹으러 멀리서 찾아온다. 콩나물의 시원한 맛을 마음껏 즐길 수 있다.

11

경안시장
5일마다 흥겨운 나들이

광주 어디에서든 그곳이 아파트 밀집지역이든 깊은 산골짜기든 버스를 타면 광주 시내로 향한다. 옛 도심을 지나가는 노선도 있고 좁고 복잡한 구시가지를 빗겨 가는 노선도 있다. 구시가지를 빗겨 가도 상관없다.

경안동에만 정차를 한다면, 광주 버스터미널에만 정차한다면 걸어서 5분 내외로 광주 최대 시장인 경안시장을 갈 수 있다. 심장처럼 경안시장이 광주 중심에 있기 때문이다. 주름진 할머니들이 어느 날 버스에 많이 타고 계신다면 그날은 경안 5일장이 서는 날이다.

정기시장과 상설시장

아침부터 부지런을 떨 필요는 없지만 장날 구경은 언제나 설렌다. 꼭 무엇이 필요해서 가는 것은 아니다. 어릴 때부터 장터 구경을 좋아했다. 북적이는 사람들과 머리에 이고 지고 온 물품들을 깔아놓은 노점. 달콤하고 맛깔스런 음식들과 쿵작거리는 음악에 맞춰 신기에 가까운 가위질을 하는 각설이패. 그리고 시원하게 넘어가는 막걸리. 물론 지금은 없어진 풍경도 있다. 하지만 여전히 여행을 다닐 때 지방 장터가 열리면 꼭 둘러보곤 한다.

경안시장은 5일장인 정기시장과 상설시장이 함께 공존하고 있다. 평소에는 상설시장만 있지만 3일과 8일이 되는 날에는 정기시장이 열린다. 상설시장 중앙 통로에 정기시장 매대가 깔리고 경안시장 입구 주변으로 행상을 풀어놓은 상인들이 즐비하다. 하지만 장날에서만 볼 수 있는 약장수라든가 시끌벅적한 각설이패는 볼 수 없다.

광주시는 대형마트에 위축되는 재래시장을 살리기 위해 2010년 4월 대대적인 정비사업을 실시했다. 아케이트를 설치하고 상수도와 가스, 전기, 중앙 통로 등을 정비하면서 재래시장의 지저분한 이미지를 깔끔하게 바꿨다. 또 야시장 매대를 무료로 대여해 주면서 역사와 전통이 살아 있는 경안시장

경기 광주의 경안시장 광주시는 대형마트에 위축되는 재래시장을 살리기 위해 2010년 4월 대대적인 정비사업을 실시했다. 아케이트를 설치하고 상수도와 가스, 전기, 중앙 통로 등을 정비하면서 재래시장의 지저분한 이미지를 깔끔하게 바꿨다.

의 맥을 이어갈 수 있게 노력하고 있으며 2014년에는 200여 대를 동시에 주차할 수 있는 공영주차장을 만들어 시장을 찾는 사람들에게 편의를 제공하고 있다.

이전에는 전국의 특산품이 모여들었다. 지리적 특징 때문에 삼남지방에서 다양한 물품들이 이곳에서 거래가 되었다. 하지만 지금은 각 지역 특산품보다는 직접 키운 싱싱한 농작물을 만날 수 있다.

장날의 혜택이라면 평소 물건 값에서 10~30% 정도 싸게 구입할 수 있는 이점이 있다. 가격이 싸지 않다면 장날 인심으로 얹어 주는 덤이 푸짐하다. 그리고 장터의 맛은 역시 흥정이다. 흥정만 잘 하면 오고가는 인심에 장바구니는 풍성해진다. 장날이기 때문에, 북적북적대는 사람 사는 냄새가 나기 때문에, 5일마다 만나는 얼굴들이 반갑기 때문에 파는 사람도 사는 사람도 절로 흥이 난다. 대형마트에서는 절대 느낄 수 없는 인심과 덤을 장날에는 한보따리 짊어지고 올 수 있다.

조선 후기부터 이어 온 장터

경기 광주는 굉장히 넓었다. 수로와 육로가 발달하여 전국 어디든 갈 수 있었다. 이런 지리적 요건으로 자연스레 시장이 형성되었고 발달되었다. 광주 관내에 있던 장터 중 한때 전국 15대 장터로 꼽힐 정도로 최대 규모를 자랑했던 것이 송파장이었다. 그 규모가 어마어마했고 거래 액수도 만만치 않았다. 삼남지역과 영동지역에서 오는 물자가 송파장에 몰려들었고, 상권이 발달하자 독점권을 행사하는 금난전권과 매점매석이 팽배했었다. 그러나 일제강점기와 한국전쟁으로 쇠퇴하면서 송파장은 소멸되었다.

송파장이 소멸되기까지 여러 가지 이유가 있었다. 일제강점기 때 전국에 도로가 닦이고 철도가 놓였는데 광주는 제외되었다. 행정구역 재편이 있었고 교통의 요충지였던 광주를 거치지 않고 다른 지방으로 갈 수 있게 되면서 시장 규모는 축소되었다. 게다가 천호장이 생기면서 위축되었다가 1925년 을축년 대홍수 때 마을 전체가 잠기고, 시장 역시 폭우로 쓸려가면서 1706년에 개설된 송파장의 영화는 사라졌다.

송파장이 없어지고 모란장과 경안장이 떠올랐다. 모란장은 1990년대 초반까지 전국에서 알아주는 대규모 5일장이었다. 지금은 이전된 옛 성남버스터미널 주변으로 4일과 9일에 장이 열렸다. 말 그대로 장터였다. 축산물과 수산물을 비롯해 청과, 곡물, 면직물 등등 없는 것이 없었다. 그리고 빠질 수 없는 재미 요소로 약장수와 각설이패들이 시종 음악에 맞춰 춤을 췄다. 커다란 천막 안에서는 각종 전과 돼지머리, 국수 등을 막걸리와 함께 팔았다. 모란장이 서는 날에는 시장 주변으로 교통이 마비되었다. 그때는 전철이 생기기 전이라 버스 안에는 장터에서 구입한 물건들이 사람보다 많았다.

지금은 모란장도 예전에 비해 크게 축소되었고 경안장도 예전의 영화를 볼 수 없다. 상설시장을 중심으로 소규모 장터에 머무르고 있다. 장소가 협소해진 이유도 있겠지만 조선시대 때처럼 전국에서 모여드는 물자가 없기 때문이기도 하다.

경안시장은 남한산성 내에 있던 군청이 1914년 경안리로 이전하면서 번성했다. 이전까지 광주의 행정 중심은 남한산성이었고, 성 안에 장터가 있었다. 성 안에서 열리던 장터는 사라졌고 경안시장이 활발하게 발달하였다.

경안장은 『동국문헌비고』에 기록되어 있을 정도로 역사가 깊은 시장이다. 경기도 광주 경안역(驛, 역참驛站, 조선시대의 여행 체계를 일컫는 말)을 중심으로 형성된 교통로를 '경안도(慶安道)'라 했는데, 이는 한양-광주-이천-여주-충주, 그리고 이천-음죽을 잇는 역로(驛路)였다. 이 역로로 인해 자연스레

경안시장 1980년대 시장 풍경이다. 조선시대 후반부터 이어져 온 경안시장은 규모가 비록 축소되었지만 2010년 재정비를 통해 그 맥을 이어가고 있다.

경안장으로 상인들이 모여든 것이다.

경안 우시장

1980년대까지만 해도 경안시장에는 우시장이 열렸다. 전국 규모를 자랑했던 송파 우시장이 무너지고, 경안시장에 우시장이 개설되었다. 1969년의 기록을 살펴보면 경안 우시장의 규모가 마장동 우시장을 압도했는데, 경안 우시장의 소가 서울로 들어오지 못하면 마장동 우시장이 문을 닫아야 할 정도였다고 한다. 경안 우시장은 한국전쟁 이후에도 판교의 너더리시장, 서울 마장동 우시장, 수원 우시장과 함께 수도권 남부의 우시장을 형성하고 상권을 이끌었다.

1918년에 경안 우시장은 경안리에 있다가 장소가 협소하여 송정리 하천부지로 이전하였다. 그러다 1950년대부터 시장 규모가 커졌고, 1980년대에 역동으로 이전하였다. 최대 전성기라고 할 수 있었던 1970년대 전후에 경안 우시장으로 들어온 소는 하루 평균 300~400두 정도였다. 상주·문경·충주·김천 등지에서 소가 들어왔고, 인근 수원이나 이천 등지에서도 소가 유입되었다. 점점 육우보다는 비육우의 비중이 커졌다.

지금은 팔당호 아래에 잠겨 지도상에서 사라져 버린 우천리는 넓고 비옥한 벌이 펼쳐져 있어 양질의 풀이 많았다. 소를 치기에 최적의 조건이었고 소치는 목동이 따로 있었다. 용늪에서 들려오는 목동의 피리 소리는 '귀여8경(옛 선비들이 꼽았던 귀여리의 아름다운 풍경)' 중에 하나였다고 한다.

어릴 때 심심하면 풀을 뜯어 양손 가운데 끼고 풀피리를 불었던 기억이 있다. 나뿐만이 아니라 친구들 모두 저마다 제각각의 소리를 냈다. 풀피리를 불지 못하는 친구가 없었다. 요즘 아이들은 풀피리 대신 아코디언 소리를 멋들어지게 내겠지. 한가롭게 풀을 뜯는 소들 사이에서 봄 아지랑이처럼 피어오르는 피리 소리. 상상만 해도 마음이 고즈넉해지는 풍경이다. 번성했던 우시장은 우천리처럼 역사 속으로 사라졌고, 잊

경안 우시장 한때 서울 마장동 우시장보다 압도적으로 컸으며 거래량도 수도권 이남 지역에서 제일 많았다. 안타깝게도 우시장은 현재 남아 있지 않다. 자료 사진은 경안동행정복지센터 소장.

지 않고 5일마다 발걸음을 하는 사람들을 경안시장이 반갑게 맞이하고 있다.

외국 노동자들의 쉼터

경안시장 주변에는 아시아 식당이 눈에 띈다. 중국 마라탕이나 양꼬치 전문점을 비롯하여 태국, 베트남 음식점들이 있다. 한국 사람이 운영하는 곳이 아니다. 중국 음식점은 중국인, 태국 음식점은 태국인, 베트남 음식점은 베트남 사람이 음식을 만들고 판매한다.

시장 근처에 있는 아시아 음식점들은 한국인의 입맛에 맞게 바꾼 것이 아닌 현지인들이 즐길 수 있는 현지식이다. 현지인들을 위한 집밥인 셈이다. 그래서 동남아 여행을 하고 온 사람들 중에 현지 음식이 간절해질 때나 현지 음식이 궁금하다면 한번 방문해 보는 것도 좋다. 하지만 심하게 입맛을 타는 사람이라면 꼭 방문하라고 굳이 추천하고 싶지는 않다.

1990년대부터 외국 인력이 광주에도 유입되었다. 1991년인가, 집 앞 작은 식당에서 외국인 노동자들을 만난 적이 있다. 뉴스로만 들었지 실제로 외국인 노동자를 만난 것은 처음이었다. 한국 노동자와 함께 그들은 식사를 하고 있었다. 공장장인 듯한 사람이 푸짐하게 나온 음식을 연신 권했지만 그들의 표정은 그리 즐거워 보이지 않았다. 쭈뼛거리고 있는 그들에게 간단히 인사를 건네고 이것저것 물어봤다. 그들은 종교적인 이유로 돼지고기를 먹지 못한다고 했다. 한국 노동자가 대접하는 호의를 거절할 수도 없고, 그렇다고 종교적 신념이 있기에 먹을 수도 없어서 맛있게 익은 삼겹살 앞에서 난감해 했다. 그들은 한국말을 제대로 하지 못했고, 한국 노동자

광주이주민센터 경안시장 안에는 광주에 거주하는 이주 노동자들을 위한 쉼터가 있다. 이곳에서는 취업, 비자 등의 문제를 비롯해서 사업주와 이주민 사이에서 소통의 어려움 때문에 생길 수 있는 문제점들도 도와주고 있다.

들은 그들의 언어는 물론, 영어를 하지 못했다.

　이후 한국 사회는 꾸준히 외국 노동력을 필요로 했고, 현재 광주에는 약 2만 명이 넘는 외국인 노동자들이 거주하고 있다. 이들은 고향이 생각나거나 집밥이 그리워지면 경안시장을 찾아온다. 그리고 여러 가지 다양한 이유로 퇴직을 했거나 피해를 입었을 때도 경안시장을 찾는다. 경안시장 안에는 '광주이주민센터(재단법인 한국이주노동재단)'가 있기 때문이다.

　E9비자(취업비자)로 입국한 외국인 노동자는 3년 거주할 수 있고, 1년 10개월을 한 번 연장할 수 있다. 그리고 3년 동안 세 번까지 이직할 수 있는 기회가 있다. 만약 퇴직 후 3개월 이내에 재취업이 되지 않으면 본국으로 돌아갈 수밖에 없다. 자의든 타의든 다니던 직장에서 퇴직한 외국인 노동자들은 갈 곳이 없다. 그들이 재취업할 때까지 잠시 머무를 수 있도록 도움을 주는 곳이 '광주이주민센터'이다.

　이곳에서는 재취업할 때까지 숙소를 제공하는 것 외에 고용인과 피고용인 사이의 분쟁 시 원활한 의사소통이 되도록 도움을 주고 있다. 또한 고용인과 피고용인이 필요로 하는 각종 서류 작성도 해 준다. 주로 소규모 기업이나 도시 근교 농업, 비닐하우스 등지에서 근무하기 때문에 고용인이나 피고용인이나 소통에 어려움을 겪고 있고, 고용주 입장에서 복잡

각국의 음식 재료 경안시장 안에는 여러 나라의 음식 재료를 파는 곳이 있다. 외국인 노동자들이 2만 명 넘게 거주하고 있고, 그들을 위한 음식 재료 판매점이 있다. 시장 근처에는 그들을 위한 전문 음식점들도 있다.

한 서류 작업 또한 쉽지 않기 때문이다. 특히 외국인 노동자가 몸이 아플 때 병원에 동행해서 제대로 치료를 받을 수 있도록 해 주고 있으며 면접을 볼 때도 통역을 해 주고 있다.

영어가 세계 공통어라고 하지만 아직 고용자나 노동자 모두 영어가 어렵다. 한국어가 서툰 노동자, 영어가 되지 않는 고용자, 이곳에서는 한국어도 영어도 아닌 독특한 중간언어로 소통하고 있다. 태국, 베트남, 캄보디아 등등 국가도 다양하다. 영어가 모두 자연스럽지 않기 때문에 생겨난 특이한 상황이다. 그래도 도움을 받고자 하고 어떻게든 도움을 주려고 하는 진심이 있기에 가능하다. 이곳 사무장은 전직 경찰 출신이다. 퇴직 후 한국어 교사 자격증을 땄고, 이곳에서 봉사 활동을 했다. 지금은 다른 봉사자들이 외국인 노동자들을 위한 한국어 강의를 하고 있다.

말도 통하지 않는 먼 타국에서 어려움에 처했을 때 도움을 받을 수 있는 곳이 있다는 것은 정말 큰 힘이 된다. 광주에는 외국인 노동자들을 위한 민간단체가 많다. 이곳 외에도 기독교와 천주교에서 운영하는 곳들이 있다. 다문화 시대를 살아가고 있는 한국 사회에서 함께 공존하며, 더불어 행복해지는 방법을 모색하고, 실천하는 것이 중요하다. 우리가 1950년대, 1960년대 때 겪었던 피해의 잔상을 고스란히 전해 주지 말고, 새로운 다문화의 번영을 이루어야 하지 않을까 싶다.

발길이 머무르는 곳

시장으로 향하는 발걸음은 언제나 흥겹다. 북적거리는 시장의 풍경도 그렇지만 5일마다 만나는 얼굴이 더 정겹게 느껴진다. 예전에는 좌판에 각종 메들리 음악이 있는 카세트테이프를 늘어놓고 커다란 스피커에 연결해 흥겨운 음악이 흘러나왔는데, 이제는 그 모습을 볼 수가 없다. 대신 새로운 것이 나타났다. 카세트테이프 대신 USB가 좌판을 차지하고 있다. 비록 형태는 변했지만 그 속에 담겨 있는 음악은 아직 그대로다. 고된 운전 시 신나게 잠을 깨워 줄 고속도로 메들리부터 뽕짝 메들리까지 작은 USB는 신명나는 음악들로 가득하다.

어릴 때 어머니와 시장을 돌아다니면 중간에 간식을 하나씩 손에 쥐어 주었다. 슬슬 아들 녀석이 짜증을 낼 때쯤 어머니는 달콤한 간식으로 입막음을 했던 것이다. 그래서인지 장날이면 꼭 들리는 곳이 있다. 긴 역사를 가진 곳이기도 하고, 그냥 지나치기에 뭔가 아쉽고 허전한 느낌이 들기 때문이다.

경안시장에는 꽤 오래된 곳들이 많다. 방앗간도 그렇고 매일 두부를 쑤는 곳도 그렇다. 그중에 시장 입구에 있는 돈가스집과 시장 맨 끝에 있는 중국집에는 꼭 들린다. 돈가스집에 앉아 있으면 광주 사람들의 이야기로 넘쳐 난다. 테이블이 고작 세 개밖에 없어 협소하지만 사람들은 수시로 꽈배기와 도넛, 야채 사라다를 사간다. 5일마다 밭에서 재배한 작물을 팔러 오는 분은 인심 좋게 돈가스집에 돈도 받지 않고 한 무더기 놓고 간다. 연세가 지긋하신 어머니들은 돈가스를 시켜 놓고, 어디서도 하지 못했던 이런저런 이야기를 풀어놓는다.

"큰 오빠가 강화도에 있는데, 나는 안 가. 올케가 너무 밉거든." 가정사부터 각종 정보까지 식사를 마치고 계산하고 나갈 때까지 이어진다. 그러나 이야기는 끝난 것이 아니다. 다시 닷새 후, 아니면 열흘 후에 다른 이야기를 풀어놓는다. 솔직히 궁금해질 때도 있다. 그래서 올케와 화해를 했는지 어땠는지 … 나도 모르게 장날이면 그분이 계시는지 가게 안을 기웃거리게 된다.

이 집의 돈가스는 완전 100% 수제다. 다른 곳들은 시판용 소스를 사용하지만 여기 사장님은 40년 넘게 직접 만든 소스를 제공한다. 그래서인지 이곳 단골 중에 한 분은 근처에서 친구가 하는 돈가스집에는 가지 않고, 이곳에만 온다고 한다.

오래된 단골집 오랜 시간 자리를 지키고 있는 가게들이 많다. 그 중에 돈가스집과 중국집은 경안시장 장날이면 꼭 들르는 곳이다.

돈가스도 돈가스지만 도넛과 야채 사라다를 권하고 싶다. 사장님이 직접 만드는 사라다는 어릴 때 먹었던 맛 그대로다. 요즘 트렌드에는 맞지 않을 수 있지만 40년 넘게 맛을 유지하고 지키기는 쉽지 않다. 여러분들의 부모님이 어릴 때 어떤 샐러드를 드셨을지 그 맛이 궁금하다면 이곳의 야채 사라다를 맛보시기를……

1980년대 중국집의 모습을 보고 싶다면 시장 끝에 있는 중국집으로 가자. 이른 점심시간인 11시부터 홀의 테이블은 꽉 차기 시작하고, 12시가 가까워질수록 배달 주문이 빗발치듯 밀려온다. 12시가 넘어가면 주방과 홀은 그야말로 전쟁터다. 배달 주문은 그렇다 쳐도 계속 들어오는 손님들 때문에 대박 집에서만 볼 수 있는 합석을 해야 한다. 합석을 구하는 손님도 자리를 내주는 손님도 늘 있어 왔던 것처럼 자연스럽다. 그러다 비슷한 연령대가 합석을 하게 되면 마치 십년지기 친구처럼 자연스레 며느리 자랑, 사위 자랑, 손주 자랑이 이어진다.

50년 가까운 역사도 있고 해서 이곳을 찾는 연령대가 높을 줄 알았는데 전혀 그렇지 않다. 20대 초반부터 70이 넘은 어르신까지 폭넓은 연령대가 이곳 단골이다. 맛도 가격도 오래된 전통만큼이나 순수하다. 한번은 나이가 지긋하신 어르신이 종업원에게 큰소리를 내기에 무슨 일인가 싶었다.

"튼실한 놈으로 넣어!"

다른 게 아니라 메뉴 중에 통오징어 짬뽕이 있는데 좋은 놈으로 해서 달라는 주문이었다. 워낙에 단골이기에 편하게 얘기할 수 있고, 또 얘기 안 해도 알아서 튼실한 놈이 나온다.

고급스럽거나 깔끔한 중화요리 집을 상상한다면 안 된다. 시장 한쪽 귀퉁이에서 반 백 년을 이어온 집인데 어찌 고급 중화요리 집일 수 있을까. 가격과 맛, 그리고 시장을 오가는 사람들의 정겨운 이야기가 다른 곳에서는 찾을 수 없는 일품요리인 것이다.

사람들이 북적거리기는 대형마트도 마찬가지다. 하지만 빽빽이 주차된 주차장에 차를 세우고, 카트를 끌고 어디에 무엇이 있는지 물어볼 사람도 없는 마트를 무작정 헤매는 것과 재래시장의 장보기는 분명 다르다. 사람마다 원하는 장보기가 있다. 어느 것이 더 낫다고 할 수 없다. 경안시장은 그 장단점을 뛰어넘어, 아니 전혀 다른 시점에서 유유히 지나치는 바람도 잠시 발걸음을 멈추게 하는 곳이다. 그곳에는 우리 부모님의 생활상이 묻어 있고, 살아가는 이야기를 주고받으며, 함께 아파하고 공존해야 하는 삶이 꿈틀거리기 때문에 다시 5일이 기다려진다.

12

이택재
조선시대 공부방

요즘은 카페에 들어서면 커피를 마시는 사람들보다 노트북이나 태블릿을 앞에 놓고 공부를 하거나 동영상을 보는 사람들이 더 많다. 지역마다 공공도서관도 늘었는데 왜 카페에서 공부를 할까. 대학생도 있고 취준생도 있다. SNS에는 함께 카공(카페에서 공부하기)할 사람을 찾는다는 문구도 눈에 띈다. 그러다 보니 카페에서 공부하는 사람들을 위한 스터디카페도 생겨났다.

집과 도서관에서 하던 공부의 공간이 카페로 옮겨 갔고, 카페는 약속한 사람을 기다리거나 간만에 모여 수다를 떠는 공간에서 함께 공부를 하고, 의견을 나누고, 독서토론을 하는

이택재 함께 모여 공부하던 곳. 대문 우측에는 1995년에 건립된 '문숙공 순암 안정복 선생 숭모비'와 '안정복 강학소터'라는 표석이 세워져 있다.

곳으로 바뀌었다. 공부는 혼자 할 수 없는 것일까. 조선시대 때 떡하니 서재를 지어 놓고 친구들을 불러 모아 함께 공부를 하던 곳이 있다. 중대동 텃골에 이택재가 그곳이다.

서재의 꿈

어릴 때부터 서재를 갖고 싶었다. 벽면 빼곡히 들어찬 책들에 둘러싸여 있는 상상을 하곤 했다. 초등학교도 가기 전에 이모 집에 가면 색이 누렇게 변한 책들이 있었다. 그 냄새가 그렇 게 좋았다. 이모는 너덜너덜한 책 한 권을 어린 내 손에 쥐어 주었다. 옥편이었다. 지금처럼 작은 크기의 옥편이 아니라 일반 책 크기였고, 한자 찾는 방법도 달랐다. 누렇게 변색된 옥편을 스무 살 넘어서까지 간직했다. 그리고 지금은 절판된 삼중당(三重堂) 문고나 동화문고(同和文庫)를 읽었다. 옥편은 잦은 이사로 누더기가 되더니 폭우로 집이 잠겼을 때 더 이상 펼쳐볼 수 없는 지경에 이르렀다. 그래도 버리기 아까워 간직하고 있었는데 결국에 곰팡이 냄새가 심해져 어쩔 수 없이 유년의 뒤안길로 떠나보내야 했다. 그나마 삼중당 문고와 동화문고 몇 권이 아직 책꽂이에 꽂혀 있다.

광화문에 있는 대형서점에서 아르바이트 할 때가 제일 즐거웠다. 광주에서 광화문까지 출퇴근하기가 쉽지는 않았지만 점심시간이나 쉬는 시간에 틈틈이 읽고 싶었던 책들을 서점 바닥에 쭈그리고 앉아 읽는 재미가 있었다. 그리고 알바비를 받는 날 한 달 동안 읽었던 책들을 구매했다. 나중에 서재를 갖게 되면 채워 넣는 상상을 하면서……. 서점 아르바이트를 하면 정가보다 싸게 구매할 수 있는 장점이 있다. 알바비를 받는 날 조장에게 현금과 도서목록을 주면 조장이 직원카드로 대신 구입해줬다. 한 달에 한 번씩 책 보따리를 들고 집으로 돌아오는 길은 그렇게 즐거울 수 없었다.

예전처럼 책이 많이 팔리지도 않고 종이책을 대신하는 전자책도 등장했다. 사람들은 이제 핸드폰으로 책을 읽는다. 교수들이 은퇴를 하면서 연구실에 있던 책들을 학교도서관에 기증하겠다고 하면 학교도서관은 공간이 협소하다는 이유로 정중히 거절한다고 한다. 종이책은 이제 애물단지가 되어가고 있는 것일까.

서재를 갖고 싶었던 것은 책 속에 파묻혀 있으면 마음이 편안해졌기 때문이다. 읽은 책들이 차곡차곡 쌓일수록 남모를 뿌듯함이나 성취감이 일었다. 어렵고 힘든 책을 다 읽었을 때는 입이 근질근질 했다. 누군가를 만나 방금 읽은 책 이야기를 쉼 없이 떠들어대고 싶었다. 누군가와 밤새도록 한 가지 주제에 대해 이야기를 나누는 것은 즐거운 일이다. 비록 생각이나 논점, 방향이나 주제가 어긋나 논쟁이 되더라도 그만큼 사유의 폭을 넓혀 주니까.

학문에 대한 열정

텃골은 광주안씨(廣州安氏) 세거지(世居地)다. 조선 초기 의정부 참찬(參贊)을 역임한 조선 최초의 청백리(淸白吏) 사간공(思簡公) 안성(安省)이 입향하여 600여 년 동안 후손들이 살고 있는 곳이다. 후손 중에 조선 후기 실학자로 유명한 순암(順庵) 안정복(安鼎福)이 있다.

안정복의 본관은 광주(廣州), 자는 백순(百順), 호는 순암이며 시호는 문숙(文肅)이다. 1712년(숙종 38) 12월 25일 안극(安極)과 전주이씨의 장남으로 태어났다. 경기 광주에 본향을 둔 광주안씨는 누구나 알아주는 조선시대 명문가였지만 남인에 속하여 정권이 바뀔 때마다 붕당정치에 휘말렸고, 조선 후기에 와서는 벼슬길마저 끊겨 초야에 묻혀 사는 선비 집안이 되었다. 이런 정치, 권력 싸움에 휘말리는 것이 싫었을까, 안정복은 일찌감치 관직에 대한 관심을 버리고 평생 과거시험에 한 번도 응시하지 않았다.

안정복은 천생 학자인 것 같다. 평생 하루도 거르지 않고 책을 읽고, 글을 썼으며 동료들과 학문에 대한 토론을 끊임없이 했다. 그의 책에 대한 남다른 열정은 가족들도 말리지 못했다. 귀한 책이 있으면 어떻게든 빌려와 직접 필사를 했다. 아무리 잔글씨라고 하더라도 몇 날 며칠 밤낮으로 베껴 썼다. 소설가들은 습작기일 때 필사의 경험이 한두 번은 있다. 필사는 문장 연습을 하는 데 도움이 된다. 안정복의 필사는 문장 연습이라기보다는 학문에 대한 열의다. 쉽게 구할 수 없는 책이니 필사를 통해 소장하고자 했던 것이다.

안정복의 서재에는 초서롱(抄書籠)과 저서롱(著書籠)이라는 두 개의 상자가 있었다. 원고나 자료를 넣어 두는 상자로 지금의 보관함 같은 상자다. 남의 책을 베끼거나 요약한 것은 초서롱에, 책을 읽거나 필사를 하면서 떠오른 생각이나 알게 된 사실 등 자신이 쓴 글은 저서롱에 보관했다. 한마디로 초서롱은 자료함이었고, 저서롱은 저작물이었다. 지금은 인터넷이 발달하여 두꺼운 백과사전이 필요 없지만 그때는 이 초서롱이 아주 중요한 역할을 했을 것이다. 글을 쓰는 데 막히거나 생각이 안 날 때 첫 번째로 뒤지는 것이 백과사전이었다. 그래서 불과 몇 십 년 전만 해도 집집마다 두꺼운 백과사전이 집에 있었다. 안정복은 이렇게 한 권, 한 권 차곡차곡 쌓이는 책들을 보며 흐뭇해했다.

초서롱에 담아 둔 자료들을 모아 집대성한 것이 그 유명한 『동사강목(東史綱目)』이다. 고조선부터 고려 말까지 우리 역사를 편년체로 저술한 역사서이다. 그가 45세 때 집필하기 시작하여 3년 만에 초고를 완성하였고, 20여 년 동안 고증과 퇴고를 통해 최종 완성되었다. 그는 『동사강목』을 저술하면서 "작은 사실 하나라도 결코 소홀하게 넘기지 말고, 의심이 있으면 사실 관계를 추적하여 바로잡아 역사를 바르게 서술하려 했다"고 말한다. 그의 강직한 성격이 드러나는 대목이다. 후에 단재 신채호가 만주로 망명할 때 『동사강목』을 몸에 지니고 다녔다고 하고, 안정복의 다른 저서인 『임관정요』는 다산 정약용의 저서인『목민심서』의 모체가 되었다고 한다.

35세 때 그는 성호(星湖) 이익(李瀷)을 찾아가 가르침을 청했다. 스승 이익으로부터 계승받은 실학사상은 안정복을 거쳐 황덕길, 허전으로 이어졌다. 예순한 살에는 익위사(翊衛司, 왕세자의 신변을 보호하고 호위하는 업무를 관장하는 부서) 익찬(翊贊)에 임명되었는데 그때 그가 가르쳤던 세손이 정조였다. 그가 1791년(정조 15) 80세 나이로 세상을 뜨자 정조는 스승에 대한 예우를 다했고, '증자헌대부(贈資憲大夫) 의정부좌참찬(議政府左參贊) 겸 지의금부사(兼知義禁府事) 오위도총부도총관(五衛都摠府都摠管)'을 내렸다.

학문과 토론의 장

안정복이 50세가 되던 해 고향 광주 텃골로 내려와 서재 이택재(麗澤齋)를 지었다. 이택(麗澤)은 '붙어 있는 두 연못이 서로 물을 윤택하게 한다'는 뜻이다. 이 말은『주역』의 태괘(兌卦) 풀이에서 나온다. "이택은 두 연못이 붙어 있으니 서로 적셔 주고, 불어나고 더해지는 모습이다. 군자는 이 모습을 보고 벗들과 배우고 익히니 서로에게 유익하다"고 했다. 즉 마음이 통하는 벗과 함께 학문을 닦는 것이 최고의 기쁨이라는 뜻이다.

안정복이 서재 이름을 왜 이택재라고 지었는지 이해가 간다. 독학에는 한계가 있다. 그는 서른 살이 넘어서까지 홀로 학문을 깨우치려 했지만 독학의 어려움과 한계에 부딪쳤고, 성호 이익을 찾아갔다. 그리고 함께 수학한 동료, 후배들과 고향 땅에 서재를 지어 학문의 폭을 넓히려고 했다. 서재를 짓고 난 후 그는 매달 『소학』을 강론했다.

이택재는 1761년 처음 지어졌고 1786년에 한 번 더 다시 지었다. 그리고 100년이 지난 1880년(고종 20)에 후손이 중수하였다. 구조는 정면 3칸, 측면 1칸 반의 복조 팔작지붕으로 전면을 개방하여 제사 지내는 용도에 적합한 형태를 띠고 있다. 조선 후기 전형적인 제사 건물 양식을 갖추고 있다.

사숙당 솟을대문인 영장문 안쪽에 강학당 본채 이택재가 자리하고 있으며 그 뒤로 사숙당이 있다. 현판은 후손 안병선이 썼다.

안정복은 이곳에서 자신이 원하던 학문을 마음껏 펼쳤다. 20대부터 텃골에서 학문을 닦은 그는 훗날 멋들어진 서재를 구상했다. 그리고 반백 살이 되었을 때 서재를 짓고, 저술에 몰두했다. 그의 왕성한 저술은 대부분 이곳에서 이루어졌다.

그는 학우들과 소통하고, 토론을 통해 지식과 사상을 넓혔다. 그리고 자신이 깨우친 학문이 도태되지 않게 하기 위해 후학 양성에도 힘썼다. 이택재는 단순 개인 서재에 머무르지 않고 생각과 지식을 모았다가 확대시키는 거점이 되었고, 지식의 나눔과 베풂을 통해 지혜를 얻을 수 있는 장소로 활용되었다.

그는 장수했다. 산수(傘壽, 80세)를 누렸으니 부러울 것이 없을 것이다. 그러나 그의 말년은 그렇지 못했다. 64세에 부인이 먼저 눈을 감았고, 외아들과 며느리를 앞세웠다. 그리고 사위 권일신마저 천주교 신자로 죽음을 맞았다. 남은 혈육이라고는 홀로 남은 딸과 손주들뿐이었다. 더욱 안타까운 건 함께 이택재에서 글을 나누던 동료들과 제자들이 천주교인이 되어 제 명을 다하지 못한 것이다. 그의 마지막은 외롭고, 고독했다.

안정복은 조선 후기에 제도적 모순을 합리적으로 개진하기 위해 고심했던 실학자였다. 허황된 이상이 아닌 현실에 발을 딛고 효율적인 이념을 펼치려고 노력했던 사상가였다.『동사강목』등을 통해 실증과 고증으로 역사를 재정립하려고 했던 역사가이기도 했다. 이런 그의 학문적 근간이 바로 이택재이다.

책 읽는 습관

이택재 앞에는 작은 개울이 흐르고 있고 커다란 나무가 사시사철 그늘을 만들어 주고 있다. 한여름에는 시원한 바람이, 한겨울에는 포근한 온기로 책을 읽고 스스로를 다독이는 데 최적의 장소처럼 보인다.

시원한 그늘이 있는 벤치에 앉아 책을 읽어 본 적이 언제였더라. 이제는 버스 안에서 지하철에서 길가에 있는 의자에서 책을 읽는 사람을 찾아보기가 쉽지 않다. 모두 무언가에 몰두하고 있지만 손에 들린 것은 정작 책이 아니다. 책을 강조하기보다는 책 읽는 습관을 얘기하고 싶다.

독서는 취미가 될 수 없다. 어릴 때부터 길러진 습관은 평생 간다. 아이가 있는 집에는 저마다 아이들 책으로 책꽂이가 빽빽하다. 아이를 위한 책은 많은 반면 정작 부모가 읽는 책은 없다. 아이가 크면서 유아도서는 사라지고 그 자리에 학습지와 참고서가 채워진다. 아이들은 어른들을 보고 자란다. 부모가 책을 읽는 모습을 보고 자란 아이들은 나이가 들어서도 책을 읽는다. 내 아이를 훌륭하게 키우고 싶다면 아이 앞에서 책을 읽는 모습을 보여주는 것은 어떨까.

예전에 근무를 하다가 건물 전체에 정전이 된 적이 있었다. 여기저기서 비명이 들려왔다. 업무는 마비가 되었다. 정전으로 인터넷은 물론이고 컴퓨터 자체를 할 수 없었다. 그때 누군가 이렇게 말했다. "이래서 집에 초와 성냥이 필요하듯이, 출판사에는 사전이 필요한 거지."

전자기기에 너무 많은 시간을 빼앗기고 있는 것은 아닐까. 업무야 어쩔 수 없지만 잠시 쉼이 필요할 때만큼은 전자기기가 아닌 손으로 만져지고, 촉감으로 전해지는 종이책을 펼쳐보는 것도 좋을 것 같다. 습관처럼 말이다.

중대물빛공원

중대물빛공원은 원래 농업용수로 활용하던 홍중저수지였다. 이 인공호
수에 산책길과 어린이 놀이시설, 운동시설, 분수광장 등을 만들면서 수
변공원으로 탈바꿈했다. 아침저녁으로 걷거나 가벼운 달리기 등 운동을
하러 나오는 사람들도 있고, 아이들이 마음껏 뛰어놀 수 있는 광장과 놀
이터가 있어 가족 단위로 산책하러 나오는 사람들도 있다. 공원 내에는
전망대, 장미터널, 연꽃로드, 아치목교, 폭기분수 등이 있다.

중대물빛공원

190

13

곤지암
묘바위 전설과 신립 장군의 묘

곤지암 초등학교 바로 옆에는 묘바위라고 불리는 바위가 있다. 신립 장군 묘가 근처에 생기면서 이상한 일이 벌어졌는데 말이 바위 앞에만 가면 꼼짝을 하지 않는 것이었다. 사람들은 어쩔 수 없이 말에서 내려 묘바위를 지나야 했다. 그러던 중 어느 선비가 묘바위를 지나다 말이 꼼짝을 하지 않자 신립 장군을 향해 호통을 쳤다. "장군의 원통함은 잘 알지만 아무리 그래도 무고한 사람들을 이리 괴롭히면 안 된다!"며 큰소리로 나무랐다.

그러자 신기하게도 맑았던 하늘이 갑자기 어두워지더니 번개가 치고 비가 내렸다. 번개는 곧바로 묘바위를 때렸고 번개를 맞은 묘바위는 두 동강이 나고, 주변에 웅덩이가 파이면서 커다란 연못이 만들어졌다고 한다. 두 동강 난 묘바위에 신기하게도 향나무가 자라기 시작했고, 지금까지 400년 넘은 수령을 가지고 높은 하늘을 향해 우뚝 솟아 있다. 연못은 복개되었다.

곤지암 태화산에서 흘러내려 온 개천과 남이고개 아래로 흐르는 물이 만나는 곳이 곤지암이다. 이곳에는 묘하게 생긴 바위가 하나 있는데 마치 고양이처럼 생겼다 하여 묘(猫)바위라고 불렸다. 이 바위는 성황당과 같은 역할을 했다. 마을에 흉년이 들거나 변고가 생길 때마다 쥐를 잡아 보름달이 뜬 날 바위 아래에 묻었다고 한다. 쥐띠 해에 태어난 사람은 이날 화를 입을까 묘바위를 피해 다녔다고 한다.

신립 장군 묘 곤지암에는 조선시대 충신인 신립 장군의 묘가 있다. 신립 장군 묘의 봉분은 원형 봉토분으로 부인 전주최씨와의 단분 합장묘이다. 봉분 앞에는 상석과 향로석이 있고, 그 앞에 장명등이 있으며, 좌우에 동자석과 망주석, 문인석이 있다. 봉분 왼쪽에는 사각의 받침과 뚜껑돌이 있는 방부개석(方趺蓋石) 양식의 묘갈(墓碣)이 있다. 송시열이 비문을 짓고, 신익상이 글씨를 써서 1703년(숙종 29)에 세운 것이다.

탄금대 전투와 신립 장군의 최후

신립(申砬, 1546~1592)은 조선 중기 무신이다. 본관이 평산(平山)으로 고려 개국공신인 신숭겸이 시조이다. 대대로 문신과 무신을 고루 배출한 집안이다. 같은 평산신씨 문희공파에는 그 유명한 신사임당이 있다.

스물두 살 때 병과에 급제하였고 도총부 도사를 거쳐 진주판관, 온성부사(穩城府使)가 되었다. 1592년 임진왜란이 일어나자 선조는 신립을 삼도도순변사(三道都巡邊使)로 임명하였다. 신립은 김여물을 종사관으로 삼아 거침없이 북진하고 있는 왜군을 맞으러 출정했다.

탄금대에 도착하자 일대 전투가 벌어졌다. 기병을 앞세운 신립이 초반에 승기를 잡는 듯하였으나 이내 조총을 앞세운 왜군에 밀리게 되었다. 몰아치는 총포에 꼼짝없이 당한 신립은 전투에 패한 장수가 목숨을 구걸할 수는 없다 하여 적진을 달려 적의 목을 베고, 그대로 절벽 아래로 몸을 던졌다. 신립의 종사관으로 전투에 임했던 김여물도 신립을 따라 강물에 투신하였다.

화담숲

스키를 좋아하는 사람이라면 곤지암에 있는 곤지암리조트 스키장을 찾아온 적이 있을 것이다. 겨울이 되면 시간을 내서 멀리 못 가는 도시인들이 서울에서 가까운 이곳 곤지암에 스키를 타러 온다. 그렇다고 겨울에만 사람들이 북적일까. 곤지암리조트 옆에는 LG상록재단이 숲의 생태계를 복원하는 데 중점을 두고 만든 생태수목원인 화담숲이 있다. 전체 면적 16만 5,265m²(약 5만 평)에 4,300여 종의 국내외 식물을 16개의 테마를 중심으로 조성했다.

화담(和談)은 '정답게 이야기를 나누다'는 뜻을 갖고 있다. 인간과 인간, 인간과 자연, 자연과 자연이 함께 어울리면서 공존하고, 교감할 수 있는 생태 공간이다. 다른 생태수목원과 다르게 이곳은 평소 몸이 불편해 자유롭게 산책을 할 수 없는 노약자, 장애인과 유모차나 휠체어가 이동하는 데 불편함이 없도록 5km 정도 되는 산책길 경사를 완만하게 만들었다.

한국을 대표하는 명품 소나무 1,300그루가 식재되어 있는 소나무 정원을 비롯하여 솔이끼, 서리이끼, 비꼬리이끼 등 30여 종의 이끼들이 분포되어 있는 이끼원, 그리고 곧게 하늘로 뻗은 2,000여 그루의 자작나무가 있는 자작나무 숲 등 봄에서부터 가을까지 자연의 풍광을 담고 있다.

100% 온라인 사전 예약을 통해 시간대별로 입장할 수 있으며 거동이 불편한 관람자들도 자유롭게 즐길 수 있도록 모노레일 역시 온라인 사전 예약제로 운영하고 있다. 시간대별 정해진 인원만이 관람이 가능하므로 여유롭게 자연을 만끽할 수 있다.

14

곤지암 도자공원
도자예술의 향연

집에는 포장도 뜯지 않은 다기 세트가 있다. 어디서 났는지, 누가 선물로 주었는지 기억이 나지 않는다. 빛깔로 보아 꽤 고가일 거 같은데…… 그래서 더 포장을 뜯지 못하겠다. 나중에 귀한 사람에게 선물로 주거나 생활이 더 빈곤해지면 어디 갖다 팔던가.

그래도 도자기로 만든 찻잔은 사용하고 있다. 물론 다기 세트에서 꺼낸 것이 아닌 인사동에서 개당 500원에 사가지고 온 것이다. 작은 찻잔에 차를 따라 마시지는 않고, 맑고 투명한 소주를 따라 마신다. 용량이 딱 한입 털어 넣기에 적당하다. 혼자 상을 차리고 반주를 곁들일 때 이 작은 찻잔이 제격이다.

곤지암 도자공원 도자공원 입구 정면에는 경기도자박물관이 있고 양옆으로 도자기 체험관
과 광주에서 활동하고 있는 도예가들의 작품을 판매하는 상설 상점이 있다.

지금은 다기세트나 도자기를 구하러 멀리 서울 인사동까
지 가지 않아도 된다. 조선시대 왕실에 진상하던 도자기를 굽
던 곳인 광주에는 도자기를 중심으로 한 도자공원이 있다.

걷고 뛰고 뒹굴고

도자공원에서 도자기의 역사와 문화를 탐구할 수도 있겠지만
그보다 일주일 동안 쌓인 스트레스와 무겁게 가라앉은 심신
을 내려놓고 휴식을 취하는 것이 더 적합하지 않을까 싶다. 공
부는 억지로 하는 것이 아니라 자주 찾고 눈에 익고 몸에 배는
것이 자연스럽고, 오래 남는다. 도자공원을 찾을 때는 공부

나 탐구 같은 중압감은 멀리 던져 놓고 가벼운 마음으로 가자. '도자공원에 가면 한입에 털어 넣기 적당한 앙증맞은 찻잔을 구할 수 있으려나' 하는 마음으로 발걸음은 가볍게.

도자공원은 생각보다 넓다. 넓어서 산책하기에 좋고 데이트하기에도 좋다. 가족 나들이로도 좋고 반려견 운동시키기에도 좋다. 한국 정원을 축소해 놓은 정자도 있고, 재미있는 조각들이 있는 야외 조각공원도 있다. 전통 가마도 볼 수 있고, 숲길로 쉬엄쉬엄 올라가면 스페인 작가들의 작품이 있는 조각공원도 거닐 수 있다.

이 많고 넓은 테마공원이 궁금해서 한번에 다 둘러보려는

〈익명의 얼굴〉, 이종안

욕심은 내지 말자. 가족과 연인과 친구와 아니면 혼자만의 사색을 즐기기 위해 느린 걸음을 걷는 것이 오히려 어울린다. 한번에 다 못 보면, 다음에 보면 된다. 공원은 무료 개방이기 때문에, 주차장이 넉넉하기 때문에 언제든 다시 오면 된다.

나만의 장소를 찾고 싶다면 그리 어렵지 않다. 걷다 보면 운치 있는 곳도 있고, SNS에 올리기 위한 사진이 그럴싸하게 나오는 곳도 있다. 불멍(불을 보며 멍 때리기)이 아닌 조멍(조각 작품을 보며 멍 때리기) 하기에 안성맞춤인 곳도 있다. 반려견과 함께 산책(에티켓은 필수!)을 하기에도 최적의 공원이다.

최고의 도예품

도자공원 입구 정면에는 경기도자박물관이 있고 양옆으로 도자기 체험관과 광주에서 활동하고 있는 도예가들의 작품을 판매하는 상설 상점이 있다. 이곳에는 광주에서 지정한 왕실도자기 명장이 만든 고가의 작품도 있고 생활 도자기를 비롯하여 팬시 용품, 목걸이, 다기 세트, 항아리 등 3,000원부터 다양한 종류의 도예품들을 구매할 수 있다.

〈진품명품〉에 나오는 도자기는 아무리 봐도 그것이 그것 같고 어렵게만 느껴지는데, 이곳에서 판매되는 도예품은 반갑고 정겨우면서 앙증맞고 아기자기한 느낌도 있어 꼭 필요하지 않아도 소장하고 싶은 생각이 든다.

도자기에 대한 아무런 지식이 없어도(아니 없는 편이 오히려 나을지도 모른다) 마음을 사로잡는 도자기를 만난다면 그것이 최고의 작품이다. 만약 무언가에 이끌려 무의식적으로 손이 갔다면 가격 고하를 막론하고 잘 빚은 도자기다. 예술은 그것을 알아봐주는 사람을 만났을 때 완성된다. 문학, 연극, 영화, 무용, 건축, 음악 등등 모든 예술이 그렇다.

예술의 혼은 가격으로 매겨질 수 없다. 작은 수저이든 간장 종지이든 수천만 원을 호가하는 달항아리든, 작품을 만든 작가와 작품을 감상하는 감상자, 그리고 그것을 사용하는 사

전통 가마 2001 제1회 세계도자기엑스포 개최를 기념하여 지어졌다. 우리나라의 전통적인 오름가마를 재현해 놓았다.

람의 눈과 마음가짐에 따라 그 값어치는 달라진다.

어쨌든 작품을 사이에 두고 창작자와 감상자가 어떻게 바라보느냐에 따라 그 가치는 달라진다. 창작자가 심혈을 기울여 만든 작품의 의도를 감상자가 알아보지 못하면 그 작품은 빛을 보지 못하지만 반대로 창작자의 깊은 심연까지 들여다본다면 세상 최고의 작품이 될 것이다. 창작자는 최고의 작품을 만들기 위해 끊임없이 만들었다 부수기를 반복한다. 사람의 마음을 움직이는 작품. 이런 작품은 어떻게 탄생하는 것일까.

백자 청화 운룡문 항아리와 박 노인

어떻게 해야 최고의 작품을 만들 수 있을까? 예술가라면 누구나 던지는 화두이다. 조선시대 도공들 사이에 전해져 내려오는 이야기가 있다. 인생 최고의 작품을 빚은 한 도공의 이야기다.

왕실 도자기를 만드는 광주 분원에는 박 노인이라는 사기장이 있었다. 그의 솜씨가 워낙 훌륭해서 만들기만 하면 진상품으로 뽑힐 정도였다. 사람들은 그를 선수장이라고 불렀다. 그러나 그는 아무리 남들이 뛰어나다고 손가락을 치켜 올려도 만드는 작품마다 성에 차지 않았다. 그는 어떻게 해야 최고의 그릇을 만들 수 있을지 고민하고 또 고민했다. 그러고는 우주를 담을 수 있는 그릇을 만들어야겠다고 결심했다.

누구나 그렇듯 마음만 먹는다고 쉽게 완성이 되면 이야기가 되지 않는다. 무수히 만들었다 부수기를 반복했다. 가마에서 나온 그릇이 조금이라도 마음에 들지 않으면 가차 없이 망치로 내려쳤다. 그렇게 시간이 지나고, 세월이 지나고, 그는 깊은 고뇌에 빠졌다.

그에게도 기회가 온 것일까. 꿈속에 신선이 용을 타고 나타나 그에게 알 수 없는 이야기를 던지고 사라졌다.

"네가 곧 우주이고, 네가 만든 그릇이 곧 우주를 담는 그릇이다."

잠에서 깬 그는 잠시 멍하게 있다가 뭔가 깨달은 듯 허겁지겁 작업장으로 달려갔다. 몇 배의 공력을 기울여 흙을 빚고 꿈에 나타난 용을 그렸다. 그리고 가마에 불을 지피고, 적당한 온도가 되었을 때 그는 신고 있던 짚신을 벗고 활활 타오르는 가마 속으로 걸어 들어갔다.

박 노인이 몸을 던져 구워 낸 작품이 '백자 청화 운룡문 항아리'라고 한다. 현재 국립중앙박물관에 소장되어 있다. 관요에서 제작된 달항아리는 조선시대 중기인 18세기 초반의 명품으로 평가받고 있다.

박 노인의 이야기가 백자 청화 운룡문 항아리의 탄생 비화인지는 확실하지 않으나 예술혼을 불태우는 점에서 충분히 있을 법한, 도공 사이에서 떠도는 이 이야기는 깊은 생각을 하게 한다. 역작에 대한 목마름이 마치 알 수 없는 신과의 계약에 저당 잡힌 채 짊어지고 가야 하는 예술가들의 삶처럼 그려진다.

예술혼을 불태운 이야기를 떠올리며 산책을 하면 공원 곳곳에 있는 조각품이 다르게 보인다. 조각품이 이상하고, 이해할 수 없을 것 같지만 그 안에 뜨겁게 녹아 있는 작가의 창작혼은 충분히 느낄 수 있다.

왕실 도자기 명장

조선시대 도공은 천민 신분이었다. 예술가가 대우받기 시작한 것은 그리 오래되지 않았다. 광주는 사라져 가는 전통 도예의 맥을 잇고, 광주 왕실 도자기의 위상을 알리고 발전시키기 위해 2008년부터 '왕실 도자기 명장' 제도를 두고 그에 걸맞은 예우를 하고 있다. 선정 기준은 20년 이상 광주에 거주하고, 30년 이상 도예를 해 온 사람들 중에 55세 이상의 역량 있는 도예가 중에서 엄정한 심사를 거쳐 선정한다. 2020년까지 총 아홉 명의 명장이 '왕실 도자기 명장' 칭호를 얻었다.

'왕실 도자기 명장'은 도예인으로서 긍지와 자부심을 갖고 전통 도자문화 예술을 계승하며 광주 도자기 발전에 공헌함은 물론, 장인정신이 투철하고 도예 분야에서 최고의 기능을 보유한 사람이다. 또한 도예산업을 육성하고 발전시키는 데 기여해야 한다. 단순히 명예만 얻는 것이 아니라 명장 칭호에 어울리는 책임감도 뒤따른다.

도자공원에는 명장들의 살아 있는 도자기들을 만날 수 있다. 저마다 다양한 기회로 도자기와 연을 맺고, 평생을 도예산업에 종사해 왔기 때문에 그들의 작품을 대하는 태도에 사뭇 경건해진다.

"도자기는 천재가 빚는 것이 아니다. 농사꾼 같은 마음으로 기다릴 줄 아는 인내와 세월, 자연이 어우러져야 완성된다. 기다림 없는 도자기는 존재하지 않는다."

초대 명장으로 뽑힌 박부원 명장의 말이다. 그는 달항아리에 대한 자부심이 남다르다. 달항아리는 도교에서 얘기하는 마음을 비운 상태인 공(空)을 은유적으로 상징하고 있다. 순백의 둥근 항아리, 밤하늘에 떠 있는 달을 표현한 달항아리를 보고 있으면 마음이 평온해진다.

공원 입구에서부터 공원 구석구석 걷다 보면 도자기 마스코트인 '토야(土也)'를 만날 수 있다. 박부원 명장이 최초로 빚은 토야의 이름은 땅 지(地) 자를 풀어서 지은 것이다. 땅 지 자의 앞과 뒤를 나눠서 붙인 이름이 도자기 마스코트 토야이다. 살아 있는 모든 것은 흙을 떠나서 살 수 없고, 도자기 자체

도자기 마스코트 토야 살아 있는 모든 것은 흙을 떠나서 살 수 없고, 도자기 자체가 바로 생명의 어머니인 흙으로 만들어졌다는 의미가 토야의 이름 속에 담겨 있다.

가 바로 생명의 어머니인 흙으로 만들어졌다는 의미가 토야의 이름 속에 담겨 있다.

　도자공원은 시민들의 쉼터이자 전통적으로 계승 발전시켜야 하는 한국 도자예술의 맥을 잇기 위한 거점이기도 하다. 말뿐인 행정보다 도자공원이라는 공간을 통해 흩어져 있던 도자예술을 집중시키고 상승시키는 역할을 하고 있다.

15

전통공예원
젊은 도예가들의 산실

경기도자박물관 전통공예원에서는 젊은 도예가가 상주하면
서 도자기를 굽고 있다. 매년 신청을 받아 선별하여 공방을 대
여해 주는데, 짧게는 몇 개월에서 3~4년씩 작업실을 쓸 수
있도록 지원을 아끼지 않는다.

전통공예원의 상주작가

도자예술에도 변화의 바람이 부는 것일까. 대대로 이어져 오
는 전통 도자예술의 절제미에서 살짝 벗어나는 도자기가 눈
을 사로잡았다. 2020년부터 전통공예원에서 상주작가로 작업
을 하고 있는 장다연 도예가의 작품이다. 그녀는 한국에서 도

전통공예원 젊은 도예가들에게 매년 신청을 받아 선별하여 공방을 대여해 주는데, 짧게는 몇 개월에서 3~4년씩 작업실을 쓸 수 있도록 지원을 아끼지 않는다.

예를 전공하고 일본으로 건너갔다. 일본에서 돌아온 그녀는 혼란을 겪었다. 일본에서는 한국인이라는 명분으로, 한국으로 돌아와서는 일본의 도자기를 굽는다며 경계인 취급을 받았다. 그러나 그녀가 만드는 도자기는 어느 한 지점의 색깔을 쫓는 것이 아니라 그녀 내면의 아이덴티티를 구워 내고 있다. 그녀의 정체성이 곧 그녀가 빚은 도예 작품이다.

한국에서는 볼 수 없었던 작품을 그녀는 만들고 있다. 도자기법 중에 유약 아래에 그림을 그리는 하회가 있고, 유약 위에 그림을 그리는 상회가 있는데 한국 도자기는 하회인 반면, 그녀의 작품은 상회이기 때문이다. 그래서인지 더 독특하고

전통공예원 상주작가인 장다연 도예가의
초벌 작품

눈에 띈다.

예술고등학교를 졸업한 그녀는 고등학교 때까지 서양화를 전공했다. 도자기에 그림을 그리기 전에 먼저 스케치를 한다. 하나의 이미지에서 시작한 그림은 방사형으로 퍼지면서 화려하면서 깊은 내면을 가진 작품이 된다. 그녀의 작품을 자세히 들여다보면 전통 도예에서 크게 벗어나는 것도 아니다. 소나무·대나무·매화·국화·사슴·호랑이·학·용 등이 조선시대 백자를 장식했던 주 문양과 보조 문양으로 사용되었던 것처럼 그녀의 작품에도 표현되어 있다. 단지 패턴과 문양의 조화가 세련되고 화필의 놀림이 자유분방하다는 점이 다를 뿐이다.

내면의 아이덴티티를 구워내다

그녀의 작품에 녹아 있는 깊은 상상력을 헤아리고 있으면 마음이 편안해진다. 그녀가 점묘법을 사용하는 이유를 조금은 알 수 있을 것 같다. 힘들고 고단했던 유학시절, 인터넷조차 되지 않은 곳에서 내면의 자아와 화두를 던지며 치열하게 공방하고 있을 때 자연과 어울린 나비 한 마리를 바라봤다. 나비가 파닥거리는 날갯짓에서 세포들의 어떤 패턴을 그녀는 발견했다. 그리고 식물, 동물, 사람까지 모든 생명체는 작은 점에서 시작하여 생명력을 만들어 간다는 것을 깨달았다. 그녀가

장다연 작가의
도자기와 스케치

점묘법으로 그림을 그리는 이유가 여기에 있다. 작은 아주 미세한 한 점이 생명을 만들고, 세계를 이루어 가는 것. 세상은 한 점에서 시작했고, 우리 역시 한 점에서 성장했다. 우주를 이해하는 것은 곧 '나' 자신을 이해하는 것과 같다.

그녀의 작품을 보면 선과 면으로 구성되어 있는데 선과 면이 심플하되 서로 유기적으로 연결되어 있고, 선과 면으로 구성한 공간에 점을 그려 넣어 생명력을 채우고 있다. 아직 완성하지 않은 재벌(2차 소성)한 작품을 보면 그녀가 표현한 선과 면만으로도 눈을 뗄 수가 없다. 백색의 넓은 면에 자연의 빛이 그림자를 만들어 선을 이루고, 시간이 지나면서 공간을 가르고, 변화를 일으킨다. 여기서 선은 누가 일부러 그려 넣은 인공의 선이 아닌 자연의 선이다. 면과 면을 이루고 있는 경계가 선이 되어 공간을 분리하기도 하고, 합치기도 한다.

둥그런 원형에서 은은하게 번지는 공간의 구획이 아닌 인간의 심전에 그려지는 다양한 심정의 변화, 시시때때로 솟구치는 욕망의 그늘들……. 이렇기에 그녀의 작품은 쉽게 볼 수 없다. 깊고 오래 들여다봐야 작품의 이야기를 읽을 수 있다. 그녀는 단순 쓰임으로의 도자기를 굽는 것이 아니다. 그저 예쁘고 화려한 도자기를 빚는 것이 아니라 누구나 간직하고 있는 내면의 이야기를 소중하게 담아내고 있다.

도자기는 흙이라는 물성을 이용하여 '쓰임'으로 만드는 것이다. 쓰임이라는 것은 물을 담거나 차를 따라 마시거나 하는 일상의 쓰임일 수도 있지만, 이 일상의 쓰임을 할 때 손 안의 작은 세상을 '들여다보기' 하면서 그동안 느끼지 못 했던 미세한 떨림, 작은 두근거림을 느낄 수 있다면 또 다른 의미의 쓰임이 완성될 수 있다. 비어 있을 때 채울 수 있는 것처럼 '내가 얼마만큼 비우고 있느냐'에 따라 '내가 만들어 가는 세상'이 달라질 것이다.

씨앗 모양의 도자기 전통공예원에 상주하고 있는 장다연 도예가는 점으로 표현할 수 있는 씨앗에서 시작하여 꽃을 피우는 과정을 도자기로 빚었다. 씨앗에서 봉오리로, 봉오리에서 만개한 꽃잎으로 생명력을 틔우는 과정을 통해 진정한 내면의 자아에 대한 물음을 던지고, 인간과 모든 생명체들이 따뜻하고 매력적인 존재가 되기를 바란다.

···· 더 보기 : ··
경기도자박물관

곤지암 도자공원 입구 정면에 있는 경기도자박물관은 조선시대부터 이어져 온 순백자, 청화백자, 철화백자, 분청사기 등 관요에서 만든 전통 도자기와 그 전통을 계승하는 현대작가들의 작품을 상설전시하고 있다. 조선백자와 관련된 다양한 자료들을 전시하고 있어 공원을 산책하기 전후에 둘러보기에 좋다. 뭐든 자주 볼수록, 눈에 익을수록 관록이 생기는 법이다. 경기도자박물관에 전시되어 있는 도자기를 보는 것만으로도 도자기에 대한 눈높이를 높일 수 있을 것이다.

16

신익희 생가터
미완성 협주곡, 민주화

"모든 주권은 국민에게 있다. 국민이 주인이다."

민주주의의 이념은 간단한다. 국가의 주인은 국민이고, 모든 주권은 국민에게 있으며 국민 스스로가 국가를 다스린다는 것이다. 인간의 존엄성을 존중하는 것이 민주주의 국가다. 사회 계급이 없고, 양반과 천민이 없으며 직업에 귀천이 없다. 우리는 어떻게 살고 있는가. 만민이 평등하다고 떠들면서도 정작 머릿속에 박혀 있는 것은 차별과 불평등을 은근히 조장하고 있지는 않은지.

해방이 되고 대한민국 정부가 수립되고, 6·25 동란을 겪고, 경제 대국 반열에 오르는 동안 얼마나 많은 희생을 치러야

신익희 생가터 신익희 선생은 한국의 정치가. 독립운동가이다. 상해 임시정부 수립 후 내무
차장·외무차장 등을 지냈다. 1962년 건국훈장 대한민국장이 추서되었다.

했을까. 4·19 혁명과 5·18 민주항쟁, 그리고 전 세계가 놀란
촛불시위까지…… 우리는 진정 민주주의의 국민으로서 한몫
을 제대로 해내고 있다.

자신의 신념인 민주주의의 이념을 이 땅에 뿌리내리지 못
하고 안타깝게 역사의 한 페이지로 남은 사람이 있다. 경기 광
주 초월읍에 그의 생가가 있다.

어수선한 정국

"우리는 국내 사정을 잘 모른다. 그래서 많은 사람들과 만나

이야기를 들어야 한다. 중앙에서 정치하는 사람들, 시골 농사꾼, 공장에서 일하는 공인, 어부, 가정에서 밥 짓고 빨래하는 가정주부 등 모든 의견을 들어서 임시정부의 방침과 정책을 수립하여야 한다."

해방이 되고, 임시정부가 출범하기 전날 임시의정원과 정부 각료 연석회의가 열렸는데, 이때 해공 신익희가 한 말이다. 그는 일제강점기 때 일본 경찰에 쫓겨 중국 상해로 망명했다가 27년 만에 해방된 고국으로 돌아왔다. 그는 아주 낮은 곳에서부터 민주주의를 싹틔우려고 했다. 조국 해방을 위해 뛰어다녔던 것처럼 부지런히 국민의 발이 되고자 했다.

해방은 되었는데 아직 주인은 국민이 아니었다. 소련과 미국이 남과 북을 서로 갈라 신탁통치를 시작했다. 북한은 김일성이, 남한은 이승만 정권이 들어섰다. 신익희 외 여러 지도층은 신탁통치가 아닌 자주적 정부수립을 원했지만 이루어지지 않았다.

1948년 5월 신익희는 고향인 경기 광주에서 무투표로 국회의원에 당선되었다. 이승만이 국회의장에, 신익희는 부의장에 당선되었다. 이어 8월에 이승만은 초대 대통령이, 신익희는 초대 국회의장이 되었다. 신익희가 국회의장이 되면서 민주주의 이념을 펼칠 수 있는 발판이 마련되었다.

그는 겸손한 자세를 잃지 않았다. 평생 자기 이름으로 된 집 한 채 마련하지 못했다. 월세로 전전하면서 공무에 매달렸다. 묵묵히 자신의 소신대로 업무를 진행했다. 혼란한 정국에 신익희의 활동은 국민들에게 신뢰를 주었다. 반면 이승만 정권은 그러지 못했다. 시간이 지날수록 보이지 않는 곳에 썩은 물이 고이기 시작했다.

6·25가 터졌을 때다. 경무대로부터 소식을 접한 신익희는 빨리 국민들에게 알리고, 이런 비상시일수록 민심을 안정시켜야 한다며 급히 심야 긴급국회를 소집했다. 긴급국회에서 의장인 그는 수도 서울을 끝까지 사수하자고 역설했다. 그러나 한 나라의 수장인 이승만 대통령은 이미 청와대를 떠난 후였다. 이승만 정권이 국민에게 보여준 모습은 그야말로 실망 그 자체였다.

신익희 선생 자료 사진은 신익희 선생 생가 마을 입구에 게재되어 있는 사진.

민주당 창당

미국의 개입으로 전쟁은 휴전 상태에 들어갔다. 대한민국은 현재 종전 상태가 아니다. 어디까지나 휴전 상태. 언제 다시 전쟁이 발발할지 모른다. 미국과 소련이 남과 북을 갈라놓은 38선은 이제 의미가 없다. 남과 북을 갈라놓은 것은 국경이 아니라 휴전선이다. 잠시 쉬고 있는 것뿐 아직도 전쟁은 진행 중이다.

이승만 정권은 장기집권을 원했다. 1948년 간선제를 통해 대통령으로 당선된 이후, 중임제까지 이어받았고, 끝내 장기집권을 위한 개헌을 시도했다. 1954년 대통령 중임제 철폐를 골자로 하는 개헌안이 국회에 상정되었다. 11월 27일 국회에서 비밀투표를 진행했고 재적의원 203명, 참석의원 202명 중, 찬성이 135표, 반대가 60표, 기권이 7표의 결과가 나왔다. 개헌이 가능한 의결정족수는 재적의원의 2/3 이상이 되는 136표가 나와야 했다. 대통령 중임제 폐지 개헌안은 투표 결과에 따라 자연히 부결 선포되었다.

하지만 이승만 정권인 자유당이 억지 논리를 펼쳤다. 재적의원의 2/3는 135.33이고 0.33은 존재할 수 없으므로 소수점 이하는 버리는 사사오입의 개념을 적용하였다. 반발한 야당 의원들이 퇴장하고, 남은 자유당 의원 125명 중 123명(김

두한, 민관식 의원 반대)이 찬성하여 개헌안이 가결되었다. 이것이 그 유명한 사사오입 개헌이다.

개헌은 이승만 정권 이후 장기집권을 원하는 정권에서 있어 왔다. 박정희는 5·16 군사정변을 통해 대통령 중심제로 바꿨고, 1969년에는 대통령 3선 금지 조항을 철폐했으며, 1972년에는 대통령 중임, 연임 제한규정 철폐와 대통령 간선제(6년)를 실시했다. 이어 전두환은 1980년 5·17 비상조치를 통해 선거인단에 의한 대통령 간선제(7년)를 통과시켰다. 민주주의는 사실상 그동안 없었다.

신익희는 정국을 이렇게 두고 볼 수만은 없었다. 야당이 뭉쳐야 한다고 생각했다. 1955년 9월 전국 2,000여 명이 모

임시정부 요인들과 함께 해방 후 고국으로 돌아오기 전에 임시정부 청사 앞에서 한국독립당 당원들과 함께 찍은 사진이다. 앞줄 맨 오른쪽이 해공 신익희 선생이다. 자료 사진은 신익희 선생 생가 마을 입구에 게재되어 있는 사진.

인 자리에서 신당발기인 대회를 열고, 야당 통합인 민주당을 발족시켰다. 신익희는 민주당 대표 최고위원으로 선출되었다. 그는 이렇게 자신의 소신을 밝혔다.

"모든 사람은 똑같이 존중받아야 하며 평등한 권리와 기회를 가져야 한다. 나라의 주인은 국민이다."

완성되지 못한 민주주의

민주주의 이념을 뿌리내리고자 했던 그의 꿈은 결국 이루어지지 못했다. 서울 한강변에서 대통령 선거 유세를 마치고 호남 지방 유세를 위해 가는 도중 기차 안에서 뇌일혈로 눈을 감았다. 그가 꽃피우고자 했던 민주주의는 그렇게 저물었다.

신익희 생가가 있는 마을 입구에는 '해공선생 대표 어록' 비문이 있다. 이 비문에는 열세 개의 대표 어록이 있다. 지금 읽어도 공감이 가는 말들이다.

"감투는 머리에 쓰고 다니지 말고 발 뿌리에 놓고 다녀라. 국가 이익을 위하고 국민 복지를 위하는 길이 아니라고 생각할 때는 미련 없이 그만둘 마음의 자세가 되어 있어야 한다."

많은 시간이 흘렀지만 원칙이 변하지는 않은가 보다. 그때나 지금이나 정치적 상황은 변함없는 것 같다. 그의 어록이 당시 정치 상황을 잘 보여주고 있다.

끝날 것 같지 않았던 군부독재가 물러나고 국민의 손으로 뽑은 최초의 문민정부가 1993년 들어섰다. 마치 세상이 달라진 것 같았다. 눈에 띄는 것은 최루탄이 없어졌다는 것이다. 1980년대 서울 소공로 롯데백화점을 중심으로 을지로 일대는 최루탄과 지랄탄으로 눈을 뜰 수가 없었다. 저마다 콧잔등에 치약을 바르고 마스크를 써야 했다. 눈을 제대로 뜰 수 없어 유니랩으로 눈을 동여매기도 했다. 시위에 참가했다가 백골단 곤봉에 맞아 한참의 세월이 지난 지금까지도 어깨가 욱신거리는 친구가 있다. 시위 현장에서 학생들이 처참하게 두들겨 맞고, 일명 닭장차에 실려 가는 장면을 목격한 일반 시민들은 가만히 있지 않았다. 함께 목소리를 높였다. 당시에는 이런 말이 있었다. "꽃병(화염병)이 먼저냐, 최루탄이 먼저냐" 무엇이 먼저이건 그 시대는 불합리한 것들 투성이었다. 제대로 올바르게 세상을 바라보고 살아갈 수 없는 시대였다.

문민정부가 들어서고 최루탄 대신 헬리콥터와 물대포가 등장했다. 농성천막을 헬리콥터가 저공비행으로 날려 버렸고, 물대포로 시위대를 해산시켰다. 2008년 이명박 정권 때 광화문에는 컨테이너로 쌓아올린 산성이 나타났다. 시위대는 손에 화염병과 보도블록을 깬 돌 대신 촛불을 들었다. 바람이 불면 작은 촛불 하나는 꺼져 버리지만 광화문에 응집된 국민

대통령 출마 포스터 1956년 대통령 후보로 출마했던 신익희 선생의 포스터다. 장면 박사가 부통령 후보로 나왔다. 자료 사진은 신익희 선생 생가 마을 입구에 게재되어 있는 사진.

의 염원은 무너지지 않을 것 같았던 세상을 바꿨다.

　세상은 변화하고 있다. 시대는 바뀌고 있다. 하지만 여전히 부동자세로 깊이 뿌리내린 채 버티고 있는 것들도 있다. 어떤 세상이든 완벽하지는 않다. 부족하고 미흡한 부분들을 서로 채워 주고, 양보하고 북돋워 주고 함께 더불어 조금씩 나아갈 뿐이다. 그러기에 민주주의는 독주가 아니라 함께 어울려 화음을 이루는 협주곡이다.

신익희 생가를 걸으며

마을 입구를 지나 신익희 생가로 가는 길에는 그가 활동했던 사진이 벽에 전시되어 있다. 신익희 생가가 있는 마을은 고즈넉하다. 전형적인 시골마을이다. 그는 1894년 7월 11일 이곳에서 태어났다. 원래 생가는 현 위치에서 동남쪽으로 약 200m 지점에 있었으나 1965년 대홍수로 집이 무너져 현 위치로 이전하였다. 이후 2002년 화재로 완전 소실되었고, 2004년 복원되었다. 20세기 초 경기지역 중소 지주 계층의 전형적인 가옥 형태이다.

그는 어릴 때부터 신동이라는 소리를 듣고 자랐다. 다섯 살에 천자문을 익혔고, 열 살에 사서삼경을 완독하였다고 한다. 서체 또한 뛰어나서 사람들이 감탄을 자아냈다고 한다. 그는 신학문에 늘 목말라했다. 한성관립외국어학교 영어과를 졸업하고, 고향 광주에서 농사일을 도우며 광동강숙을 세워 고향 후배들을 가르쳤다. 그러다 일본 와세다 대학교 정치경제학과에 입학했다. 어디서나 눈에 띄는 그였기에 일본 학생들 사이에 질투의 대상이 되었고, 신변에 위협을 느낀 그는 항상 베개 밑에 칼을 놓고 잠을 잤다고 한다.

그는 유학생들과 연합하여 학위회를 결성하였고, 유학생의 통일 조직체로 국문, 영문, 일문으로 된 2·8 독립선언문을 YMCA회관에서 발표했다. 이 밖에도 「학지광」이라는 학회지를 만드는가 하면, 조선학회를 설립하는 등 학생독립운동을 꾸준히 해 나갔다.

　일본 유학을 마치고 고향으로 돌아온 그는 동명강습소를 만들어 마을 사람들을 가르쳤다. 그러다 중동학교와 고려대학교 전신인 보성법률상업학교에서 교편을 잡았다. 종종 일본인이 세운 학교에서 교수 제의가 들어왔지만 그는 완강히 뿌리쳤다.

해공로(海公路) 해공 신익희 선생이 열두 살 되던 해 30여 리 떨어져 있는 남한산초등학교에 입학하면서 통학하던 길이다. 그가 처음으로 신학문을 습득하게 된 유서 깊은 길이고, 어릴 때부터 민주주의 정신을 키웠던 그의 발자취가 고스란히 남아 있는 길이기에 2001년 광주시에서 해공로라고 명명하였다.

그는 국내에서는 독립운동이 수월하지 않다고 판단하여 중국으로 건너가 본격적인 독립운동을 전개했다. 해방이 되고 김구, 김규식, 조소양 등 임시정부 지도자들의 도움을 받아 민족대학인 국민대학을 1946년 설립했다. 1956년 그가 서거하고, 몇 번의 폐교 위기를 맞았고 1959년 성곡 김성곤이 국민대학을 인수했다. 보인상업고등학교 별관 2층을 빌려 법학과, 정치학과, 경제학과 등 3개 학과로 첫 개교를 한 국민대학은 현재 북한산 자락 아래인 정릉에 자리하고 있다.

해공 신익희 선생의 대표 어록

1. 남의 의견을 존중할 줄 모르는 정치인은 민주주의를 할 자격이 없다.

2. 나에게 쓸 만한 집 한 채 없다고 집 한 채 마련하라고 권고하나 내가 망명 때 항일 독립이 평생의 소원이었고, 이제 반 조각이나마 독립된 조국에서 국사를 맡게 되었으니 더 바랄 게 있겠는가.

3. 위정자는 모름지기 공평하고 인자하며 깨끗하고 곧아야 한다.

4. 청렴결백하면 위엄과 품위가 스스로 나타나느니라.

5. 사람에게 이야기할 때의 태도는 온화 태평하고 주장은 간단 명료해야 한다.

6. 여러 사람의 일은 여러 사람의 뜻대로 이루어져야 한다. 어느

한 사람이나 몇몇 사람의 뜻으로 이루어짐은 이것이 독재이고 전제인 것이다.

7. 공부하는 학생들도 책을 읽으면서도 나라를 위하는 일을 잊지 말라.

8. 사람마다 저 잘난 맛에 산다. 내가 잘났다 생각하면 남의 잘난 것도 인정해 주어야 한다.

9. 감투는 머리에 쓰고 다니지 말고 발 뿌리에 놓고 다녀라. 국가 이익을 위하고 국민 복지를 위하는 길이 아니라고 생각할 때는 미련 없이 그만둘 마음의 자세가 되어 있어야 한다.

10. 교만과 사치는 꺼려야 한다. 남보다 아는 것이 조금 더 있다 하여 돈푼이나 더 있다 하여 오만하고 벼슬자리가 높다 하여 거만하여서는 안 되고 또 집치레, 옷치레, 음식치레는 겸손해야 한다.

11. 국가 공무원으로서 부정부패로 죄악이 큰 자는 동대문 남대문에 효수하여 본보기를 보여야 하느니라.

12. 서로의 주장이 다를수록 타협하고 절충해서 타협점을 찾든가 또는 자기의 주장을 설득함으로써 상대방의 동의를 얻어 일을 처리해야 한다. 이것이 민주주의이니라.

13. 사람마다 얼굴이 다르듯이 의견이 조금씩 다른 것은 당연지사다. 의견이 나와 다르다고 해서 폭행을 한다든지 심지어 테러를 한다는 것은 비극이고 하나의 큰 죄악이다.

17

일본군 '위안부' 역사관
진실과 정의 그리고 기억

시대가 아무리 변하고 세월이 흘러도 잊지 말아야 할 것들이 있다. 일본군 '위안부' 문제는 단순한 사건도 아니고 쉽게 아물 수 있는 상처도 아니다. 내 가족, 내 부모, 내 형제, 내 아이의 이야기이면서 절대 지워지면 안 되는 역사의 진실이다.

진실과 정의

광주에는 일본군 위안부 역사관이 있다. 교과과정에서 배우는 내용 외에 우리가 알아야 할 진실이 있다. 많은 사람들이 그 진실을 알리고자 했고, 반대로 진실을 숨기거나 왜곡하려고 하는 자들도 있었다. 진실을 파헤치려는 사람과 이를 왜곡하려는 사람보다 더 경계해야 할 부류는 방관자일 것이다. 관심조차 없는 것만큼 무서운 것은 없다. 무지(無知)와 무식(無識)은 다르다. 전혀 모르는 것과 알면서도 외면하는 것. 우리는 살아가면서 얼마나 많은 진실들을 외면하며 살고 있을까. 수없이 왜곡되고 덮어지고 사라지는 진실의 한 페이지를 잊지 않았으면 한다.

먼저 용어 정리를 할 필요가 있다. 일본 위안부 이전에 '종군 위안부', 혹은 '정신대'라는 용어를 사용했었다. 종군 위안부는 '종군'이라는 단어에 자발적이었다는 의미가 포함되어 있고, 정신대는 일본의 전시체제 돌입과 함께 조선의 노동력을 강제 동원한 제도를 말하며, 여성의 경우 여자(근로)정신대라는 이름으로 광범위하게 사용했었다. 그러기에 종군 위안부나 정신대라는 표현과 혼동하면 안 된다. 정식 명칭은 'Military Sexual Slavery by Japan'으로 전쟁범죄 국가인 일본군을 명기하고, 역사적인 용어로서의 위안부를 따옴표 안에 넣어 일본군 '위안부'라고 표기하는 것이 올바르다.

1930년대부터 일본이 패전한 1945년까지 일본군은 세계 각처에 '군위안소'를 설치했다. 점령했던 지역과 식민지에서 일본은 여성들을 강제 동원하여 일본군을 위한 성노예로 만든 범죄를 저질렀다. 1932년 초 상해사변 때 일본군에 의한 강간

사건이 발생하여 점령지역에서 반일감정이 고조되고, 일본군이 성병에 걸려 작전 수행을 할 수 없게 되자 자국의 공창제도를 본떠 '위안소'를 만들었다. 한국뿐만 아니라 중국, 필리핀, 태국, 말레이시아, 인도네시아 등 일본이 점령한 국가의 여성들을 무자비하게 끌고 갔다.

'위안부' 동원은 군의 철저한 통제하에 이루어졌으며 군이 직접 자행하거나 민간에 위탁한 경우도 있다. 동원된 여성의 나이는 11세부터 27세에 이르고, 대부분이 취업 사기였고 인신매매 업자나 매춘 업자들의 납치나 유괴, 매수도 있었다. '위안소' 규정을 살펴보면 군인, 군속 외 입장금지 규정이

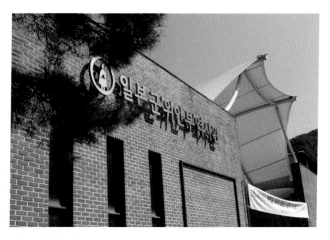

일본군 '위안부' 역사관

있었고, 계급별 사용시간과 요금, 성병검진 및 기타 위생사항 등이 병참사령부 명의로 되어 있었다. 하루에 평균 20~30명의 군인들을 상대해야 했으며, 휴식이나 식사 시간도 없어 밥을 먹으면서도 일본군을 상대해야 했다.

'위안부'에 동원된 여성들은 일본군의 안전을 위해 정기적으로 성병검진을 받아야 했고, 임신을 했거나 월경, 혹은 질병에 걸렸더라도 일본군을 상대해야 했다. 마음대로 그만둘 수도 없었고, 위안소를 떠날 수도 없었다. 철저히 통제된 생활 속에서 오직 일본군의 성노예로 살아야 했다. 일본군들이 성노예를 '천황이 하사한 선물', '위생적인 공중변소'라고 부른 기록도 찾아 볼 수 있다.

일본이 패망하고, 위안부로 동원되었던 여성들도 자유를 맞이한 것 같지만 실상은 그렇지 않다. 증거 인멸을 위해 참호나 동굴에 모아놓고 기관총이나 폭약 등으로 몰살시키거나 현지에 버리기도 했으며 패전의 분노를 견디지 못한 일본군에 무참히 살해당하기도 했다.

전쟁이 끝나더라도 쉽게 고향으로 돌아올 수 없었다. 지옥보다 더한 곳에서 겪은 고통은 정신적으로 육체적으로 회생 불가능한 상처를 남겼다. '위안소'에서 당한 구타와 고문, 성폭력으로 제대로 된 가정을 꾸릴 수 없었고, 아이를 가질 수 없었다. 게다가 주변의 따가운 시선과 편견으로 평생 침묵하며 숨어 살 수밖에 없었다.

누구의 잘못인가. 주권을 잃은 나라와 힘없는 국가가 내몬 우리 어머니와 누나, 여동생들을 사회적으로 한 번 더 살해하는 세상. 피해자가 떳떳해지는 세상은 왜 오지 않는가.

세상 밖으로

1988년 '여성과 관광문화 세미나'에서 윤정옥 교수에 의해 일본군 성노예 문제가 세상에 알려졌고, 이후 1990년 11월 여성단체들의 연대를 통한 '한국 정신대 문제 대책협의회'가 결성되었다. 하지만 일본은 이 같은 사실을 전면 부인했다.

1991년 8월 14일 국내 최초로 김학순 할머니가 기자회견을 하면서 일본군 성노예 피해자인 것을 공개적으로 증언했다. TV 드라마 〈여명의 눈동자〉(1991~1992년 방영, 김종학 연출, 송지나 극본)에서 위안부 이야기를 다루었고, 다큐멘터리 〈낮은 목소리-아시아에서 여성으로 산다는 것〉(1995년, 변영주 감독)에서 '위안부' 할머니들의 이야기를 생생하게 담아냈다. 이후 〈귀향〉(2016년, 조정래 감독), 〈눈길〉(2017년, 이나정) 등이 제작, 개봉하면서 오랜 역사의 아픔을, 숨죽이며 살고 있던 '위안부'의 이야기가 세상 밖으로 나왔다. 이 밖에도 '위안부'를 소재로 한 영화와 다큐멘터리가 개봉되었지만 크게 주목받지는 못했다.

드라마, 영화와 같은 미디어 제작의 장점은 대중성이다. 그동안 감추어졌던 진실을 널리 알리고 이슈화하는 데 효과가 있다. 사건 사고를 다루는 뉴스는 드라마나 영화만큼의 대중성을 확보하지 못한다. 그러나 수없이 쏟아지는 미디어의 생명은 짧다. 이내 새로운 콘텐츠가 등장하면 뒤로 밀려나고, 사람들의 기억에서 사라진다.

잊지 말아야 하는 것들, 아무리 시간이 지나도 항상 기억할 수 있는 방법이 있을까? 2011년 12월 14일 일본 대사관 앞에 '평화의 소녀상'이 세워졌다.

기억

일본군 '위안부' 역사관 마당에는 평화의 소녀상(못다 핀 꽃)을 중심으로 피해자 할머니들의 흉상이 있다. 흉상마다 생몰 연대와 피해를 입었던 곳, 그리고 일본의 만행을 알리려고 노력했던 활동 등이 영문과 함께 새겨져 있다. 조형물은 상징의 의미가 크다. 역사적 인물을 조형물로 만들어 그 인물의 업적을 기리는 경우도 있다. 광화문의 이순신 장군 동상과 세종대왕 동상이 그렇다.

2021년 2월에는 세계 최초로 미국 필라델피아 퀸빌리지 지역에 '소녀상 공원'이 조성된다는 발표가 있었다. 국내에서 뿐만 아니라 해외에서도 소녀상을 통해 일본이 전쟁 중에 저지른 범죄를 되새기는 노력이 지속되고 있다. '위안부' 문제는 아직 해결이 나지 않았다. 전범의 주체인 일본은 아직까지도 인정을 하지 않고 있다. 소녀상 건립은 많은 뜻을 내포하고 있다. 단순히 피해자 할머니들의 고통을 기억하고자 하는 것

평화의 소녀상 2019년 남한산성아트홀에 세워진 소녀상. 원래는 청석공원에 설치하기로 했으나 장마철 범람 우려와 기술적 문제 등으로 남한산성아트홀에 세우게 되었다. 미래 세대들에게 평화와 인권이 살아 있는 세상을, 그리고 올바른 역사 교육과 정의가 바르게 세워지는 세상을 염원하며 세웠다.

만은 아니다. 미래 세대들에게 평화와 인권이 살아 있는 세상을, 그리고 올바른 역사 교육과 정의가 바르게 세워지는 세상을 염원하고 있다.

2019년 8월 14일 광주에도 소녀상이 세워졌다. 남한산성 아트홀 광장에 평화의 소녀상이 우여곡절 끝에 안착했다. 일본군 '위안부' 역사관이 있으며 피해자 할머니들이 기거하는 나눔의 집이 있기 때문에 광주의 소녀상은 그 의미가 남다르다 할 수 있다.

반만년의 역사를 가진 대한민국은 930여 차례의 전쟁을 치렀다. 시대가 시대인 만큼 한국만 전쟁을 치른 것은 아니다. 저마다 응어리진 한 맺힌 사연이 역사로 남아 있다. 21세기를 내달리고 있는 현재에도 아직 전쟁은 끝나지 않았다. 소녀상이 없어지지 않는 한, 우리가 뚜렷이 기억하는 한 세상의 모든 폭력과의 전쟁은 끝난 것이 아니다. 미래 세대들이 걸어갈 세계를 위해, 인권과 평화가 공존하는 세상을 위해 반드시 기억하고 잊지 말아야 할 것이다.

나눔의 집과 역사관

일본군 '위안부' 역사관 안에는 나눔의 집이 있다. '위안부' 피해자 할머니들의 안식처이다. 독지가가 피해자 할머니들을 위해 토지와 건물을 지어 기증을 해 주었고, 국내외에서 모금된 기금으로 현재의 모습을 갖추게 되었다. 이전에는 한글과 그림 수업을 진행했었고, 수요기도회와 집회 등에도 참석했었다. 할머니들이 그린 그림으로 전시회도 열었다.

나눔의 집 양옆으로는 제1역사관과 제2역사관이 있고, 야외 공연장과 추모공원이 조성되어 있다. 제1역사관에는 일본군 '위안부' 피해 및 제도와 피해 할머니들의 증언과 증언을 뒷받침해 줄 자료들이 전시되어 있고, 제2역사관에는 피해자 할머니들의 유품과 그림 등이 전시되어 있다. 아시아 태평양 전쟁 당시 일본군이 만든 위안소의 위치와 규모를 한눈에 알 수 있는 지도가 있으며, 위안소에서 실제로 사용했던 물건들이 전시되어 있다. 특히 피해 할머니들의 증언을 토대로 만든 위안소 모형이 있다.

역사관을 둘러보는 내내 가슴이 먹먹해 온다. 그렇게 오래전의 일도 아니다. 100년도 지나지 않았고, 가슴 깊이 새겨진 상처도 아물지 않았다. 게다가 일본은 여전히 부인하고 있으며 다양한 방법을 동원해 '위안부'는 강제가 아니라 자의였다고 주장한다.

인간의 존엄은 무엇일까. 인간의 존엄을 지키기 위해, 훼손하지 않기 위해 어떤 노력을 해야 할까. 다양한 인간들이 있

피해자 할머니들의 흉상 일본군 '위안부' 역사관 마당에는 평화의 소녀상(못다 핀 꽃)을 중심으로 피해자 할머니들의 흉상이 있다. 흉상마다 생몰연대와 피해를 입었던 곳, 그리고 일본의 만행을 알리려고 노력했던 활동 등이 영문과 함께 새겨져 있다.

지만 있는 사실 그대로를 인정하는 것이 그렇게 힘든 것일까. 잘못을 인정하고, 사죄하는 것이 어려운 일일까. 한국, 중국, 필리핀 등 많은 국가에서 '위안부' 피해 증언이 이어졌고, 일본을 고발했지만 일본의 태도는 강경하다.

제2역사관에 있는 추모관에는 전 세계 피해자 250명 명단과 150명의 사진이 전시되어 있다. 인생을 송두리째 빼앗겨버린 전쟁. 전쟁이 끝나도 또 다른 전쟁을 치열하게 치르며 살아야 했던 피해자분들.

인간의 가치에 대해 생각해 본다. 무엇이 인간을 가치 있게 만들고, 인간답게 만들까. 인간을 인간답게 만드는 가치 기준은 무엇일까. 도대체 조금의 죄의식도 없이 일본이 만행을 저지르게 한 것은 무엇일까. 그리고 그토록 빳빳한 자세로 버티게 하는 것은 무엇일까. 가슴이 뜨겁게 불타오른다. 그분들이 내 어머니, 내 누이이기 때문이다.

····· 더 보기 : ···

허난설헌 묘 · 퇴촌 돌짜장

허난설헌 묘

일본 '위안부' 역사관에서 양평 쪽으로 가다 보면『홍길동』의 저자 허균의 누이인 허난설헌의 묘가 나온다. 허난설헌(許蘭雪軒, 1563~1589)의 본명은 초희이고, 호가 난설헌으로 강릉에서 태어났다. 유년 시절을 강릉에서 보냈고 서울에서 살다가 안동김씨 김성립과 혼인을 해서 안동김씨 문중 묘역인 광주에 두 아이들과 함께 묻혀 있다. 살아생전 그렇게 벗어나고 싶어 했던 안동김씨 문중인데 끝내 벗어나지 못했다. 허난설헌은 봉건사회에서 처참히 무너진 천재 여성작가이다. 그녀가 죽은 후 동생 허균에 의해『난설헌집』이 간행되었다.

그녀의 결혼생활은 암울했다. 남편은 과거시험을 핑계로 밖으로만 나돌았다. 강가에 집을 지어 따로 생활했고, 친구들과 어울려 지내는 것을

허난설헌 묘

즐거했다. 시어머니는 남편보다 시를 잘 짓는 며느리가 못마땅했다. 남편의 외도와 시어머니의 구박에서 버틸 수 있는 희망이라고는 자신이 낳은 두 남매밖에 없었으나 아이들조차 일찍 세상을 등지고 말았다. 극도로 우울한 나날이 이어지면서 그녀는 중국 도교에 심취했다.

허난설헌에게는 풀지 못한 세 가지 한이 있었다고 한다. 첫 번째가 여자로 태어난 것이고, 두 번째가 김성립과 결혼한 것이고, 마지막이 조선이라는 나라에 태어난 것이라고 한다. 그녀는 자신의 처지를 한탄만 한 것이 아니라 여성의 문제로, 시대적 불합리성으로 시야를 확대했다. 그녀가 남긴 시가 다른 규방문학과 다른 점이 이것이다. 당시 여성으로는 담아낼 수 없는 묵직한 주제들을 다루고 있기 때문이다.

퇴촌 돌짜장

일본군 '위안부' 역사관으로 들어가는 길목에는 항상 승용차들로 붐빈다. 길목 바로 앞에 퇴촌 돌짜장이라는 음식점 때문이다. 뜨거운 돌판에 해물이 잔뜩 들어간 볶음짜장이 주메뉴다. 주문을 하고 음식을 기다리는 동안 자유롭게 부침개를 부쳐 먹을 수 있다. 셀프이기 때문에 부족하면 얼마든지 양껏 부쳐 먹을 수 있다. 단, 기다리는 다른 손님들 눈총은 본인 몫이다.

짜장이 있기 때문에 으레 짬뽕도 생각하겠지만 미안하다. 아쉽게도 짬뽕은 없다. 돌짜장과 매운 돼지갈비찜만 있다. 메뉴는 이렇게 단 두 가지뿐이다. 너무 여유를 두고 늦게 가면 안 된다. 오후 5시까지만 영업을 한다. '저녁은 집에서 드세요. 5시까지만 해요'라는 문구가 메뉴판에 적혀 있다.

18

장경사
불심으로 지킨 남한산성

산에는 사찰이 있고 사찰은 산에 있으니 당연히 남한산성에도 사찰은 있을 것이고, 사찰은 부처님을 모시고 있고, 깨우침을 얻기 위한 기도처이니 당연히 엄숙하고, 경건해야 할 것이다. 그러나 장경사로 향하는 발길은 예사 사찰을 찾는 발걸음과는 달라야 할 것 같다. 너무 무겁지 않게 그렇다고 너무 가벼워서도 안 된다. 깨우침은 언제, 어느 순간 문을 두드릴지 모른다. 깨어 있는 발걸음으로 마음속을 걸어 보자.

군영 사찰
남한산성 동문에서 가파른 언덕길을 오르면 망월사가 나온

장경사 입구 해발 360m에 위치한 장경사. 이곳에서 승군들은 숙식과 훈련을 반복했고, 깨달음을 얻기 위한 기도 또한 게을리하지 않았다. 강경하고 굳건한 심지가 깊게 배어 있는 곳이다.

다. 망월사 앞에서 다시 오른쪽으로 올라가면 장경사 일주문을 만난다. 망월사에서 장경사까지 가는 길 중간중간에는 사람들이 차를 세워 놓고 그늘에 앉아 있다. 일행과 조용히 담소를 나누거나, 혼자 풍경을 바라보며 평온한 시간을 보내기에 최적의 장소다. 자리만 잘 잡으면 극락이 따로 없다. 방해하는 사람도 사념도 사라지고, 무념무상으로 빠질 수 있다. 간혹 새가 날아들거나 먹이를 찾아 재빠르게 움직이는 청솔모가 기웃거리는 소리만 들릴 뿐이다.

일주문 오른쪽 아래에 마련되어 있는 주차장에 주차를 하면 동문부터 이어져 온 성벽을 볼 수 있다. 장경사는 성벽에 바로 붙어 있는 사찰이다. 전쟁이 일어나면 최전방에 있는 셈이다.

인조의 명으로 남한산성을 개축할 때 도총섭을 맡은 벽암 각성대사가 전국에서 승군을 소집했다. 당시 남한산성 안에는 망월사와 옥정사만 있었다. 전국에서 모여든 승군들을 위해 개원사(開元寺), 장경사(長慶寺), 한흥사(漢興寺), 국청사(國淸寺), 천주사(天柱寺), 동림사(東林寺), 남단사(南壇寺), 영원사(靈源寺), 이렇게 여덟 개 사찰을 더 지었다. 이 사찰들은 기도 도량보다는 승군들의 숙식을 해결하기 위한 군막의 기능이 더 컸다.

여덟 개의 사찰 중에 동림사는 봉암성에, 영원사는 한봉성 근처에 지었고, 나머지는 남한산성 안에 신축했다. 그리고 개원사는 본영 사찰로, 장경사는 승병들의 훈련장으로 활용되었다. 공사가 끝난 후에는 전쟁에 대비해 사찰마다 무기고와 화약고를 두었다.

일제강점기 때 일본은 남한산성에 있는 사찰의 무기고와 화약고를 없앴고, 그 과정에서 대부분의 사찰이 흔적도 없이 불에 타 소실되었다. 장경사는 이때 다른 사찰에 비해 피해 규모가 작아 아직 예전 모습을 그대로 간직하고 있다. 1975년

경내에 화재가 일어나 소실되었다가 다시 중창되었다.

남한산성의 사찰들은 한마디로 군막이었고, 전쟁이 발발하면 언제든 무기를 들고 전쟁에 참전할 수 있도록 승군들은 훈련을 받았다. 남한산성으로 침입하기에 가파른 북문과 서문보다는 통행이 잦은 남문과 동문이 수월했다. 그래서 동문과 인접해 있는 장경사는 중요한 요지 중에 하나였다.

승군의 활약

해발 360m에 위치한 장경사. 이곳에서 승군들은 숙식과 훈련을 반복했고, 깨달음을 얻기 위한 기도 또한 게을리 하지 않았다. 강경하고 굳건한 심지가 깊게 배어 있는 곳이다.

남한산성 내 다른 사찰들은 현대에 재건해서 그런지 깔끔하고 정돈된 느낌이라면 장경사는 초야에 묻혀 있는 촌로의 느낌이다. 상대적이기는 하지만 예스러움이 오히려 믿음을 심어줄 때가 있다. 강호에 섣불리 발을 내딛지 않은 숨은 고수의 느낌. 고즈넉한 경내에 흐르는 묵직한 기운이 믿음으로 다가온다.

인조가 남문을 통해 입성하고 얼마 있지 않아 청나라 군대가 동문으로 진격해 왔다. 장경사에 머물고 있던 어영별장 이기축이 승군을 이끌고 나가 병사들과 함께 일대결전을 벌였다. 급박하게 벌어진 전투에 승군의 활약이 돋보인 전투였다. 인조는 뛰는 가슴을 쓸어내렸다. 동문 전투의 승리가 인조의 귀에 들어가고, 곧바로 장경사로 달려왔다. 인조는 전투에 지친 승군과 병사들을 독려하고 승리로 이끈 이기축을 완개군에 봉했다.

결국 패배의 전쟁이었지만 남한산성에서 벌어진 크고 작은 전투에서 조선은 몇 번의 승리를 맛보았다. 그것이 인조에게 희망의 불씨를 심어 주었다. 문을 걸어 잠그고, 천혜의 요새인 남한산성에서 버티기만 하면 구원병이 올 것이라고 믿었다. 하지만 구원병은 끝내 오지 않았다.

남한산성에 고립된 것은 인조만이 아니었다. 성 안에 집을 둔 백성들 역시 추위와 죽음의 공포에 떨어야 했다. 떨어져 가는 식량과 함께 살 수 있다는 희망의 불씨마저 점점 꺼져 갔다. 그나마 의지하고 버팀목이 될 수 있었던 것이 간절한 기도뿐이었다. 부처님의 자비로 목숨을 부지할 수 있기를, 살아남을 수 있기를, 가족만이라도 살아서 따뜻한 봄을 맞이할 수 있기를……. 장경사 안에 흐르고 있는 고즈넉한 적막에는 역사 속으로 이름 없이 사라져 간 이들의 한과 염원이 배어 있다.

동종

대부분 사찰에는 대웅전을 바라보고 오른쪽에 사물이 있다. 장경사 동종은 눈여겨볼 만하다. 동종의 형태를 살펴보면 용한 마리가 음통을 휘감고 올라가는 모양인 종뉴(鍾鈕)가 항아리 모양의 종신과 연결되어 있다. 종신의 외형은 견부(肩部)

장경사 대웅전 신라시대와 고려시대에는 불교가 국교였고, 그만큼 승려는 대접을 받았다. 하지만 숭유억불 시대인 조선에 들어서면서 승려는 천민신분으로 하락했다. 임금 한푼도 받지 않고 나라에서 행하는 온갖 노역에 동원되었다. 그중에 하나가 남한산성 공사였다. 장경사는 흔들리는 시대를 불심으로 바로 세우고, 지키고자 한 사찰이다. 비록 다른 사찰들은 소실되고 사라졌지만 각성대사의 불심이 고스란히 배어 있는 장경사가 남아 있어 시대의 흔적을 느낄 수 있다.

244

로부터 벌어지며 내려오다 종복(鍾腹)부터는 구연부(口緣部)를 향해 살짝 오므라든 선형(線形)이다. 음통의 상단(上段) 가장 바깥 부분의 꽃잎은 활짝 벌어져 있고, 내부 꽃잎은 안으로 오므라든 만개(滿開)한 연화가 장식되어 있다. 이런 특징은 승장계 장인이 제작한 동종에서 나타난다.

17세기 조선의 대표적인 승장 사인(僧匠 思印)이 제작한 통도사(通度寺) 종루 종의 시작품(試作品)으로 볼 수 있을 정도로 하대 문양만 다를 뿐 장경사 동종과 크기와 형태, 표현이 같다. 그리고 사인파(思印派)가 제작했을 것으로 추정되는 수원 팔달문 동종하고도 하대 문양만 다를 뿐 전체적인 형태나 표현수법 등이 거의 같다.

종신은 통일신라, 고려 범종 양식대로 상대와 하대, 네 개의 유곽이 제 위치에 있으며, 유곽과 유곽 사이에는 4구의 보살상을, 종복에는 주성 내용을 알려주는 명문을 배치하였다. 종복에는 종의 주성 내력을 알려주는 양각 명문이 둘러져 있고 끝부분에 점각으로 인명을 새겨 놓았다.

일제강점기 때 사찰에 있는 무기고와 화약고를 파괴하면서 동종 역시 소실될 뻔했지만 다행히 봉은사로 미리 동종을 옮겨 무사할 수 있었다. 2013년 봉은사에 있던 동종을 다시 장경사로 옮겨 왔고, 다음해인 2014년 경기도 유형문화재로 지정되었다. 현재는 장경사 대웅전 안에 있다.

장경사 동종은 여느 동종보다 단단해 보인다. 사찰의 분위기에도 어울리지만 포뢰(蒲牢, 용처럼 생긴 상상의 동물)의 울음처럼 웅장하면서 깊은 울림을 가졌다. 세월의 더께가 더해질수록, 인고의 시간이 길어질수록, 속세의 번뇌가 치열할수록 얻는 깨달음은 더 깊고 굳건하리라. 장경사 동종이 품은 한 많은 번뇌의 울음이 제자리에 머물지 않고 낮게 뻗어가는 이유일 것이다.

각성대사와 장경사

인조는 벽암 각성대사를 팔도 도총섭으로 임명하고 남한산성 증축을 맡겼다. 각성대사는 법문뿐만 아니라 무예와 서예도 출중하였다. 충남 보은의 손이 귀한 집에서 태어난 각성대사는 일곱 살이 되던 해에 몸이 아팠고, 길을 가던 스님의 손에 이끌려 승려가 되었다. 긴 세월 불경공부에 매진했고 덕유산, 속리산, 금강산을 다니며 무예와 서예도 익혔다.

스승인 부휴 스님의 말씀을 따라 중생을 구하러 속세로 나온 각성대사는 광해군 때 무과시험을 치렀고, 과거에 급제하였다. 그러나 바른말을 일삼는 신하는 관직에 오래 머무를 수 없었다. 곧 벼슬을 내려놓고, 산으로 돌아가 수행에 임했다.

어느 날 성을 쌓고 전쟁에 대비하라는 부처님의 계시를 받고, 인조에게 상소를 올렸다. 인조는 각성대사에게 남한산성 공사를 맡겼고, 장경사를 창건하였다.

각성대사는 임진왜란이 일어나자 승병들을 이끌고 나가 명나라 해군과 함께 왜군에 맞서 싸웠다. 또 병자호란이 일어나 인조가 남한산성에 고립되자 승군 3,000명을 소집해 남한산성으로 향했지만 곧 인조가 항복했다는 소식을 접하고 해산했다. 각성대사는 임진왜란과 병자호란을 겪으면서 유실되거나 소실된 사찰을 중창하고, 불교미술 문화재를 조성하는 데 큰 역할을 했다. 보은의 법주사, 합천 해인사, 구례 화엄사 등이 각성대사가 중창한 사찰이다. 불교 역사상 가장 많은 불사를 주도했으며 효종이 왕자였을 때 화엄사상을 가르치기도 했다.

신라시대와 고려시대에는 불교가 국교였고 그만큼 승려는 대접을 받았다. 하지만 숭유억불 시대인 조선에 들어서면서 승려는 천민신분으로 하락했다. 임금 한푼도 받지 않고 나라에서 행하는 온갖 노역에 동원되었다. 그중에 하나가 남한산성 공사였다. 장경사는 흔들리는 시대를 불심으로 바로 세우고 지키고자 한 사찰이다. 비록 다른 사찰들은 소실되고 사라졌지만 각성대사의 불심이 고스란히 배어 있는 장경사가 남아 있어 시대의 흔적을 느낄 수 있다.

····· 더 보기 : ··
망월사

망월사에 가면 걸음이 느려진다. 가파른 오르막 때문이기도 하지만 고즈
넉한 고요가 사찰 전체에 흐르고 있다. 신도들이 즐비한 기도도량이나
관광지에 있는 번잡한 사찰과 다르다. 부처님 진신사리를 봉안한 사리탑
에 가까이 가면 갈수록 자연스레 숙연해진다. 속닥거리는 말소리조차 조
심스럽다.

망월사는 남한산성에 있는 사찰 중에 가장 오래된 곳이다. 태조 이성계
가 조선을 세우고, 도읍을 한양으로 정할 때 한양에 있던 장의사를 허물
고, 장의사에 있던 불상과 금자화엄경(金字華嚴經), 금정(金鼎) 등을 망월사
로 옮겨 왔지만 일제강점기 때 사찰이 전소되면서 흔적도 없이 사라졌다.

13층 높이의 사리보탑은 사찰을 중창한 성법 스님이 인도 간디 수상
에게 직접 받아온 부처님 진신사리를 봉안한 탑이다. 원래 망월사는 비
구니 선원이 아니었지만 망월사를 중창한 성법 스님이 비구니였기 때문
에 비구니 수도도량이 됐다.

망월사

19

소머리국밥촌
든든한 한 끼의 대명사

광주의 대표음식이라고 하면 효종갱이 있다. 새벽에 해장국처럼 먹는다고 해서 붙여진 이름이다. 예전에는 남한산성에 있는 식당에서 맛을 볼 수 있었지만 현재는 미리 주문을 해야 겨우 맛을 볼 수 있는 귀하면서 고급음식이 되었다. 그러나 광주에는 효종갱 말고도 마을을 이루면서까지 이름을 알린 음식들이 있다. 퇴촌의 토마토, 남종면의 붕어마을과 장어마을, 남한산성의 백숙촌, 그리고 곤지암의 소머리국밥촌이다.

국밥, 너란 놈
한국민속촌에서 국밥을 처음 먹은 기억이 있다. 초등학교도

들어가기 전이었다. 가족 나들이이었는데 한국민속촌 안에 있는 주막에서 가족 모두 국밥을 먹었다. 국밥은 간단한 요리다. 국에 밥이 말아서 나오면 국밥이고, 밥과 국이 따로 나오면 따로국밥이다. 여태 먹어본 국밥을 떠올려 보면 소머리국밥, 콩나물국밥, 돼지국밥, 굴국밥, 순대국밥, 장터국밥 정도가 생각난다. 종류가 많은 이유가 국에 밥만 말면 되니까.

조선시대를 배경으로 하는 드라마나 영화를 보면 주막에서 국밥을 먹는 장면이 나온다. 대부분이 조선 후기 배경인데 조선 전기에는 주막에서 국밥을 팔지 않았다. 조선 후기처럼 상공업이 발달하지도 않았고, 화폐가 널리 유통되지도 않았다. 그래서 여행자들은 자신이 먹을거리를 갖고 다녔다. 쌀, 보리를 비롯하여 반찬으로 먹을 수 있는 북어 등의 건조식품,

곤지암 로터리 1980년대 모습이다.

그리고 장이나 소금 등을 갖고 다니면서 민가에 소정의 대가를 지불하고 밥을 지어 달라고 하거나 스스로 해결했다. 주막도 마찬가지다. 주막의 주인인 주모가 음식을 맛깔스럽게 해서 메뉴에 '국밥'이라고 있었던 것이 아니라 여행자가 음식 재료를 주면 그 재료로 소박한 밥상을 대접했다. 조선 후기 화폐 거래가 대중화되면서 지방에 주막이 생기고, 주막에서 음식을 만들어 여행객들에게 제공하는 역할을 하게 되었다.

수도 한양에는 장국밥이 성행했다. 간장이나 된장으로 간을 맞춰서 장국밥이라고 했는데, 다른 국밥보다 고기가 많이 들어가 지위 고하를 막론하고 인기가 좋았다고 한다. 헌종이 변복하면서까지 찾았던 장국밥집이 무교탕반이었다. 그만큼 대박집이었다.

국밥은 서민 음식이다. 한 번쯤 먹어봤을 테지만 나오는 반찬이라고는 달랑 깍두기, 아니면 김치, 간을 위한 새우젓과 소금, 그리고 파 한 무더기. 커다란 솥에 온갖 잡뼈와 시래기를 넣고 장시간 끓여 내어 한꺼번에 여러 사람들이 동시에 즐길 수 있는 음식이라 주머니 사정이 여의치 않은 서민들이 즐겨 애용했고, 양반들은 천한 음식이라고 해서 입에 대지도 않았다.

지금은 국밥집의 매력이라고 하면 당연히 깍두기나 섞박

지이다. 깍두기나 섞박지를 먹으러 국밥집에 간다는 사람도 있다. 그것들이 맛있으면 그 국밥집은 맛집으로 통한다. 깍두기가 아삭하면서 감칠맛이 돌아야 국밥이 술술 넘어가기 때문이다.

한국 사람들에게 위장병이 유난히 많은 이유가 국에 밥을 말아먹는 식습관 때문이라는 내용을 티브이에서 본 적이 있다. 평생 국에 밥을 말아먹었는데…… 그래서 따로국밥이 나온 것일까. 그래도 국밥 하면 얼큰하면서 시원한 국물에 토렴한 밥이 있고, 건더기가 푸짐해야 제맛이 아닐까. 먼저 건더기를 건져 먹고, 국물에 촉촉이 젖은 밥을 먹다가 국물이 모자라면 한 번 더 국물을 추가해서 먹는 맛. 국물은 얼마든지 추가가 가능한 국밥집의 인심. 한국 음식은 파는 사람이나 먹는 사람이나 넉넉한 인심이 곧 그 집의 최고 맛이다.

남편 사랑으로 탄생한 소머리국밥

어릴 때 설렁탕을 못 먹었다. 설렁탕 특유의 꿉꿉한 냄새 때문에 입에 대지도 못했다. 하지만 나이가 들어 지금은 설렁탕이 최애 음식 중에 하나가 되었다. 오래되고, 유명한 곳이 있으면 따로 시간을 내서 찾아가기도 한다. 아마도 어머니에 대한 기억 때문인지도 모른다.

어머니는 가끔 소꼬리를 사와 꼬리곰탕을 한 솥 끓이셨다. 밤새 은은한 불에 끓이면서 위에 뜨는 기름을 수시로 걷어 내셨다. 환절기나 겨울에 어머니는 한 솥 끓인 곰탕을 약이라며 대접째 들이키라고 하셨다. 간을 하지 않은 곰탕은 그냥 뜨거운 국이었다. 약처럼 먹으라며 가족을 위해 끓이셨던 어머니 곰탕. 이에 비해 곤지암 소머리국밥은 남편에 대한 사랑과 정성으로 탄생했다.

1970년대 한 여인이 포장마차를 하며 어렵게 생계를 이어가고 있었다. 생계도 생계지만 몸이 허약한 남편의 잦은 병치레로 생활은 더 힘들었다. 하지만 아내는 굴하지 않고 어떻게든 남편 건강을 위해 몸에 좋은 음식을 만들어 먹였지만 남편의 몸은 쉽게 좋아지지 않았다.

아내의 지극정성이 소문이 나면서 도축장에서 일하던 이웃이 "소머리를 달여 먹으면 오장육부 기능이 좋아진다"는 말을 하고는 소머리를 아내에게 주었다. 아내는 생전 처음 보는 소머리를 정성스레 끓였지만 남편은 특유의 누린내 때문에 먹을 수 없었다. 아내는 여기서 포기하지 않고, 각종 채소를 넣고 끓이는 등 특유의 누린내를 잡기 위해 노력했다. 갖은 방법을 동원해 누린내를 잡고 포장마차 손님들에게 선을 보였더니 반응이 뜨거웠다. 비법을 묻는 사람들에게 흔쾌히 비법을 알

곤지암 소머리국밥 단출한 메뉴처럼 소머리국밥의 차림상은 간단하다. 하지만 뚝배기 속에는 반 이상이 고기로 가득하다.

려주었고, 남편은 그 사이 기력을 회복하였다.

작은 포장마차는 입소문을 타고 식당이 되었고, 주변 식당들도 업종을 바꿔 소머리국밥을 하게 되었다. 주변 식당과 함께 누린내를 잡는 비법을 연구하면서 곤지암 소머리국밥촌의 식당은 대부분 비슷한 맛을 유지하고 있다.

깊은 역사를 더하는 소머리국밥

곤지암은 바위[岩] 옆에 커다란 연못[池]이 있다는 뜻이다. 이곳에는 명당이 많아 기인(奇人)과 재인(才人)이 많이 태어났고,

마을이 견실(堅實)하다고 해서 얼마 전까지 '실촌(實村)'이었다가 2011년 곤지암으로 명칭이 바뀌었다.

곤지암은 역사가 깊은 곳이다. 삼리에는 구석기시대의 유물이, 신대리에는 청동기시대의 유물이, 연곡리에서는 통일신라시대의 유물이 출토되었다. 물과 흙이 좋아 사람들이 정착하여 살기 좋은 곳이었다. 벼농사를 주로 지었고, 밭농사도 병행했다. 경안 우시장 못지않게 곤지암도 한우 사육이 활발하여 우시장이 따로 있을 정도였다. 현재는 산업화로 중소 제조업과 도자기 산업 육성을 위해 도자공원이 자리하고 있다.

곤지암읍 건업리에서 여주시로 넘어가는 고개를 '남이고개'라고 하는데, 조선 초 남이 장군이 어렸을 때 이곳에서 무예를 닦으며 아래 샘터에서 물을 마시고 쉬어 갔다고 해서 붙여진 이름이다. 남이 장군이 이 고개에서 고양이 바위(묘바위)를 향해 활을 쏘고 말을 달리면 활보다 먼저 도착했다는 설도 있다.

곤지암은 소머리국밥촌이 생길 수 있는 좋은 입지 조건을 가진 곳이기도 하다. 우시장이 있어서 질 좋은 소머리를 조달받을 수 있었고, 교통이 발달하여 사람들이 오고가며 넉넉한 한 끼를 때우기에 안성맞춤이었다. 실제로 조선시대에는 주막촌이 있었고, 보부상과 우전(소를 사고파는 장) 상인 등 장사꾼들이 들락거리는 길목이었다. 곤지암 소머리국밥은 가마솥에 소머리와 우설, 볼 살을 넣고 푹 고운 후 5년근 인삼과 찹쌀, 무 등을 넣어 찹쌀이 풀어질 때까지 끓여 낸다. 1980년대 초반에 포장마차에서 식당으로 넓히면서 아직까지 변함없는 맛을 이어가고 있다.

식당에 들어서면 메뉴는 단출하다. 소머리국밥, 수육, 공기밥. 고민할 필요가 없다. 단출하게 차려진 국밥에 숟가락을 넣는 순간 놀라지 않을 수 없다. 고기 반, 밥 반이다. 어디에서도 볼 수 없는 고기 양에 입가가 흐뭇해진다. 고기를 먼저 양념장에 찍어 먹고, 국물에 소금 간을 해서 국밥을 먹으면 된다. 처음에 고기 양에 놀랐다면 이제 맛에 놀랄 차례다. 고명으로 올라온 고기를 찍어 먹는 양념장이 기가 막힌다. 다른 지역의 식당과 별반 차이가 없어 보이는데 입안에 감기는 고기의 감칠맛을 한층 더 섬세하게 끌어올려 준다. 국밥에 나오는 고기만 더 추가하고 싶은 마음이 생긴다.

입맛 따라 국물 간을 하고 한 수저 떠먹으면 국물의 진한 맛이 온몸을 훑고 지나간다. 고기 특유의 누린내는 전혀 맡을 수 없다. 고기 역시 너무 무르거나 질기지 않다. 식감도 살아 있고, 국물의 깊은 맛도 흐트러지지 않고 그대로 유지하고 있다. 만화 『식객』으로 유명한 허영만 화백이 오랜 단골이라고 한다. 아직 맛을 못 본 사람은 있을지 몰라도, 한번 맛을 봤다면 잊지 않고 또 찾는 곳이다. 단지 국밥 한 그릇을 먹었을 뿐인데 포만감은 오래 간다. 어설프게 먹은 끼니는 금방 꺼져 버리기 일쑤다. 하지만 곤지암 소머리국밥을 먹었다면 하루가 든든하다.

노포(老鋪)는 많다. 대를 이어 장사를 하면서 맛을 이어가는 곳도 있고, 시대에 맞춰 조금씩 개량하는 곳도 있다. 반대로 불꽃처럼 반짝하고 사라지는 곳들도 많다. 대를 이을 사람이 없는 경우도 있고, 시대의 변화에 따라가지 못한 이유도 있다. 한 음식으로 마을을 이루고, 촌을 이루며 장시간 이어가는 곳은 흔치 한다. 곤지암 소머리국밥촌은 '나 혼자 잘 살자'는 이기심이 아니라 비법을 공유하고, 함께 연구하는 과정에서 탄생했고, 아직까지 이어져 오고 있으며 앞으로도 광주를 대표하는 먹거리촌으로 자리하고 있을 것이다.

20

얼굴박물관
만남의 감동으로 이어 주는 공간

사람들이 광주를 찾아오면 함께 가는 곳이 몇 군데 있다. 찾아오는 목적이나 시간에 따라 조금씩 다르지만 찾아오는 횟수가 잦을수록 대부분 다 들린다. 잠깐 왔다 가는 사람들과는 도시에는 없는 특이하고 편안한 카페를, 식사를 해야 하는 사람들과는 숨어 있는 오래된 맛집을, 시간이 넉넉한 사람들과는 오래 머무르며 함께 즐길 수 있는 공원이나 볼거리를 보러 간다.

대부분이 아끼는 곳이고, 좋은 사람들과 함께 공유하고 싶은 곳이기도 하다. 이 중에 박물관이 있다. 박물관이나 미술관을 즐기지 않는 사람들도 있지만 그건 사립박물관을 가보지 않아서 그렇다. 별 것 없다고 생각할 수 있지만 사립박물관에는 의외의 에피소드로 가득하다. 전시되어 있는 다양한 소장품들을 보면서 공통의 화제를 만들어 낼 수도 있고, 잊고 있었던 과거의 어느 시점으로 되돌아갈 수도 있다. 그리고 가깝거나 조금 먼 미래를 그려 볼 수도 있다. 이곳은 만남의 감동을 읽어 주는 얼굴박물관이다.

버리면 쓰레기, 애정을 담으면 예술품

지방을 돌아다니면서 눈에 띄면 빠짐없이 들르는 곳이 있다. 하나는 만두집이고, 하나는 사립박물관이다. 만두는 어릴 때부터 워낙 좋아했기에 손으로 빚는 만두집을 만나면 그렇게 기분이 좋을 수가 없다. 그래서 지방 도시를 다니다 작은 만두집을 만나면 꼭 들러서 만두를 사 먹는다.

얼굴박물관

어릴 때 친구들과 돈을 모아 만두를 먹으러 간 적이 있었다. 눈치 안 보고, 실컷 먹고 싶어 주머닛돈을 탈탈 털었다. 개당 50원 하는 만두를 5,000원어치 주문했다. 그리고 친구들과 허겁지겁 달려들었다. 하나라도 더 먹을 욕심에 물컵에 만두를 담아 거의 삼키듯이 먹어댔다. 그때 그 친구들을 만나면 아직도 만두 얘기를 한다.

내 기억에 남는 만두집은 딱 두 군데다. 한 곳은 공덕역 오거리에서 애오개역으로 가는 길에 있는 작은 분식집이었다. 주인 아저씨는 하루 종일 만두만 빚었다. 얇은 만두피에 한 입에 넣기 좋은 만두는 속이 꽉 차 있었다. 세월이 흘러 다시 찾아갔지만 재개발로 사라진 후였다.

동자석

다른 한 곳은 남해에 있는 곳이다. 정확한 이름도 모르고, 다시 찾아가라고 하면 절대 못 찾아가는 곳이다. 역시 가게는 작았고, 만두와 라면 등 단출한 메뉴가 전부였다. 남해에 여행을 갔다가 우연히 발견한 곳이어서 더 기억에 남는지도 모른다. 만두를 기다리는 짧은 시간 동안 만두 포장 주문만 열 번이 넘었다. 우연히 보물을 발견한 기분을 알까. 그 지역 사람들에게는 유명할지 모르겠지만 관광단지에 있는 것도 아니고, 지금처럼 매스컴이나 SNS가 발달했을 때도 아니라 유명세도 없었다. 순전히 나만 아는 비밀 맛집. 혼자만 간직할 수 있는 비밀이 생긴다는 것. 남해에서 만난 만두집이 그랬다.

사립박물관도 마찬가지다. 차를 몰고 지방을 다니다 우연히 표지판을 발견하고 들어선 사립박물관. 그곳에는 평생을 모은 소장품들이 가지런히 전시되어 있었다. 일반인들 눈에는 별것 아니고, 또 쓸모없는 쓰레기로 보일 수 있으나 그것을 모은 사람의 눈에는 그렇게 소중할 수가 없다.

무엇 하나를 그렇게 집념을 가지고 모을 수 있는 이유는 무엇일까. 무엇이 그렇게 애착을 갖게 하는 것일까. 재미있는 다른 사립박물관도 소개해 달라고 부탁하니, 어느 관장님이 한 곳을 추천하면서 덧붙인 말이 생각난다.

"거기도 미친 놈, 하나 있지요. 하하하."

선택과 집중

미치지 않고서는 긴 시간 동안 어마어마하고, 방대한 양의 수

집품을 모을 수 없다. 돈도 한두 푼 들어가는 것이 아니다. 어릴 때부터 무조건 모아 평생을 모은 사람이 있는가 하면, 어떤 계기가 되어 수집하게 된 사람도 있다. 분야도 다양하다. 미술품부터 장신구, 자수, 목판, 목인, 시계, 카메라, 부엉이, 도자기, 만화책, 도서, 곤충, 등잔, 장난감 등등. 시대도 삼국시대 이전부터 근대까지, 국보급부터 누가 버린 것 같은 물건까지 천차만별이다. 어떤 곳은 요즘 세대들은 모르는 다이얼 전화기, 삐삐, 트랜지스터라디오, 골드 스타(Gold Star)와 같이 불과 30~40년 전에 사용했던 물건들을 모은 곳도 있다. 하긴 지금부터 100년이 지나면 이것들도 골동품이 되겠지.

　나도 버리지 못하고 간직하고 있는 것이 있다. 고등학교 때까지 썼던 4벌식 타자기가 대표적이고, 영화 비디오테이프와 브라운관 티브이, 오토리버스(Auto Reverse)가 되는 워크맨이 있다. 필요가 없어 버릴까 하다가도 막상 버리려고 하면 그 물건에 담긴 추억이 떠올라 버리지 못하고 간직하고 있다.

　한때는 영화 비디오테이프를 모으느라 '폐업'이라고 써 붙인 비디오 대여점을 찾아다녔다. 하지만 곧 DVD가 대중화되더니 핸드폰으로 영화를 보는 시대가 되어 더 이상 비디오테이프를 구입할 수 없게 되었다. 집에 쌓여 있는 비디오테이프를 가끔 보고 싶어도 볼 수가 없다. 비디오테이프를 재생시켜

주는 비디오플레이가 고장 나서 고칠 수 없기 때문이다.

꾸준히 모으고 있는 것 중에 하나는 지도다. 국내뿐만 아니라 해외에 나갔을 때 그 지역 지도다. 관광지를 비롯하여 행정 관련 관공서 등이 표기되어 있고, 뒷면에는 지역 홍보 내용이 간략하게 기재되어 있다. 모으는 이유는, 글쎄다. 그곳을 갔다 왔다는 증표이기도 하고, 미처 가 보지 못한 곳을 나중에 다시 가려는 목적도 있고, 시간이 지나 지도가 바뀌면 자료로써의 의미도 있을 것 같기도 하고…… 그러나 이것이 나중에 어떤 의미나 가치를 가질지는 모르겠다.

사립박물관 관장들은 하나의 주제로 꾸준히 모아 온 수집광이기도 하다. 그 분야가 희한하게도 겹치지 않는다. 아닌가? 겹쳐서 동일 소재의 사립박물관을 개관하지 못하는 것일까. 어찌됐든 한 가지를 집중적으로 파고들다 보면 자연스레 박사가 된다. 학교에서 학문을 통해 배우고, 학위를 받는 박사가 아닌, 마냥 좋아서, 그냥 즐거워서 하다 보니 자연스레 쌓이는 지식들이 만만치 않다. 다른 건 몰라도 평생을 한 가지에 집중하는 그 부분은 높이 살 수밖에 없다. 외고집일 수도 있고, 전문성일 수도 있다. 그들은 수집에 집중했던 에너지를 이제 공유와 향유로 폭을 넓혔다. 그리고 만남을 기다리고 있다. 다양한 만남의 즐거움을…….

만남의 시작, 얼굴

얼굴박물관은 야외 전시장과 실내 전시장으로 크게 나뉜다. 표를 끊고 실내로 들어서면 인형과 같은 작은 소품들이 전시되어 있다. 개관 초기에는 공연이나 대담을 할 수 있는 공간이 없었는데 지금은 실내 전시장 가운데에 공간을 만들어 다양한 기획을 통해 만남의 공간으로 활용하고 있다. 야외 전시장에는 장승과 벅수, 문관석 등 석인들이 즐비하다. 마당에 빽빽하게 들어찬 석인들의 표정이 다양하다.

얼굴박물관 김정옥 관장은 1960년대 후반부터 돌조각에 관심을 가졌다. 고고학이나 민속학적인 학문적 접근이 아니라 돌조각이 가진 미적 측면과 예술적 측면에서였다. 프랑스에서 연극을 전공하고 국내로 돌아와 〈대머리 여가수〉를 처음으로 무대에 올렸다. 대학에서 학생들을 가르치고, 연극 연출과 영화 연출도 했다. 그래서인지 김 관장이 바라보는 얼굴의 의미는 남다르다. 얼굴은 만남의 시작이고, 박물관은 옛사람들과 현재를 살고 있는 사람들을 이어 주는 만남의 공간이다. 40년 넘게 수집해 온 얼굴들을 통해 만남을 주선하고 있는 것이다.

"사람과 사람의 만남만이 만남이 아니다. 예술품이나 아름다운 물체와의 만남도 사연과 인연이 있을 수 있다. 파리 유학

264

시절 나는 홀린 듯이 쇼윈도를 들여다봤다. '사지도 못하는데 봐서 뭐하냐'는 친구의 핀잔이 있었지만 파리의 쇼윈도는 나에게는 황홀한 하나의 세계였다."

이렇게 만남이 시작되었다. 귀국 후 극단에 있으면서 소품을 구한다는 핑계로 청계천 7가 중앙시장을 돌아다녔다. 여기서 팔리지 않으면 버려야 한다는 의미에서 '끝시장'이라고 불렸던 청계천 중앙시장의 고물상과 골동품가게. 거기서 김 관장은 파리 쇼윈도에서 느꼈던 예술적 오브제를 다시 한 번 느꼈다.

얼굴박물관 야외 전시장 야외 전시장에는 장승과 벅수, 문관석 등 석인들이 즐비하다. 마당에 빽빽하게 들어찬 석인들의 표정이 다양하다.

"사람과 사람의 만남에는 아름다운 만남, 숙명적인 만남, 행운의 만남 등 좋은 인연의 만남도 있지만 불행한 만남과 나쁜 만남, 만나면 안 되는 악연의 만남도 있다. 하지만 미술품이나 골동품, 그리고 자연과의 만남은 아름다운 만남, 감동적인 만남만 있다."

김 관장의 만남은 박물관을 통해서 이루어진다. 박물관은 관람객들에게 '아름다운 만남과 감동을 중계하는 공간'이기 때문이다. 시간을 초월해서 감동을 나누는 공간인 것이다.

개관 초기에 석인들이 많았다. 김 관장은 돌조각이 가진 미적 매력에 푹 빠졌다. 문관석, 동자석, 망부석, 장승, 벅수 등 석인을 수없이 모았다.

"나의 옛 돌조각에 대한 사랑은 맹목적인 것이요, 육체에 대한 사랑 같은 것일지도 모른다."

김 관장은 옛 돌조각이 가진 매력 중에 하나는 원초적 순수한 감성과 단순성에서 유래한다고 한다. 우리 옛 돌조각의 단순한 형상화와 스타일화된 선은 아프리카나 남미의 옛 조각을 연상케 하지만 그것들에 비해 꾸밈이 없고, 보다 단순하고 대범한 선을 가지고 있는데 이것은 고대 이집트나 키클라데스 섬의 옛 돌조각으로 거슬러 올라가는 느낌을 갖게 한다.

돌조각에 대한 김 관장의 애정과 관심은 '만남'이라는 행위의 단순 의미를 확대시켜 시공간을 뛰어넘는 사연과 스토리가 있는 만남으로 이어 가고 있다.

방대한 수집, 그 애착

얼굴박물관에는 1,000여 점이 넘는 예술품이 빼곡히 전시되어 있다. 그간 발품은 물론이거니와 시간과 금전 또한 상당히 들어갔다. 자꾸 쓰레기를 갖고 온다는 아내의 만류에도 김 관장은 멈출 수가 없었다. 그러다 보니 석인이 300여 점, 목각인형이 200여 점, 가면, 그리고 초상화나 무속화의 인물화, 현대작가의 회화가 각각 100여 점씩, 도자기나 데라코타의 인형, 와당이 각각 50여 점, 그 밖에 민속품과 도자기 등 100여 점을 모았다. 이 중에 석인이 가장 많다. 돌조각의 매력에 빠졌던 만큼 초기에 가장 애착을 가지고 수집했다.

인형을 사람의 형태를 본떠서 만든 작고 큰 여러 형상이라고 한다면 인류의 역사와 더불어 시작되었다고 해도 과언이 아니다. 우리나라의 경우에도 선사시대부터 현대에 이르기까지 흙으로 빚은 토우(土偶)와 명기(名器), 나무로 만든 목각인형, 짚과 풀 또는 헝겊으로 만든 인형 등 종류가 다양하다. 기능면에서도 사자의 부장품을 비롯하여 무속 신앙의 대상, 장난감 등 다양한 성격을 띠고 있다.

찬카이 부장품 인형·미얀마 파두앙족 인형 왼쪽은 남아메리카 페루의 수도 리마를 중심으로, 기원전 2000년경에 번영한 찬카이 문화의 부장품 인형. 오른쪽은 태국과 미얀마 고산지대에 거주하는 소수민족 중 하나인 파두앙족의 목이 긴 인형.

한국의 탈(가면)은 다양하다. 일반적으로 탈이라고 하면 양주산대놀이, 봉산탈춤, 하회별신굿, 수영야류, 동래야류 등 예능탈을 생각하는데 탈춤이나 가면극이 아닌 제의적 성격을 띤 탈도 있다. 이런 탈은 조형적인 면에서 대단히 다양하고, 소재도 나무, 종이, 박, 짚 등 제작기술도 다양하다.

석인 또는 돌사람도 문관석, 무관석, 동자석, 망부석 등은 전국 어디를 가나 쉽게 볼 수 있다. 옛날 마을 어귀에는 항상 장승이나 벅수가 세워져 있었다. 무덤과 마을을 지켜 주는 민간신앙의 의미도 있지만 경계를 나타내는 표식의 의미도 있다.

문관석은 머리에 관을 쓰고 손에는 홀(笏)을 들고 있다. 무덤 앞에 문관석을 세우기 시작한 것은 8세기 무렵인 통일신라시대부터라고 한다. 이후 고려시대, 조선시대로 넘어오면서 왕릉에만 세웠던 문관석을 고관이나 양반의 무덤에도 세웠다. 서울이나 경기 지역의 문관석이 중국의 영향을 받아 획일화된 느낌이 있는 반면, 지방이나 도서지방으로 멀리 떨어질수록 자유분방하고 다양한 조형미를 갖추고 있다.

무덤 앞에 문관석 다음으로 많이 세워져 있는 것이 동자석이다. 불교나 무속에서 보살, 명왕, 산신 등을 모시는 어린아이인데 무덤 앞에 동자석은 죽은 이를 모신다는 의미에서 세워졌다. 지방마다 석질과 형상미가 다르게 나타난다. 특히 제주도의 동자석은 단순화된 선과 검은 현무암의 석질이 조화되어 원초적 표현기법을 드러낸 현대적 조각이라는 느낌을 준다.

아무리 좋고, 고귀한 물건을 많이 모았다고 해서 모두가 박물관을 설립할 수는 없다. 사립박물관을 설립하는 데도 조건이 까다롭지만 유지, 운영하는 일은 더욱 어렵다. 내가 아는 곳만 해도 장소를 찾아 이리저리 떠돌아다니다 결국 폐업한 곳도 있다. 목숨보다도 귀한 소장품들이 그야말로 길거리

탈(가면)

로, 쓰레기장으로 버려지게 됐다. 그래서 어떤 곳은 법인을 만들었다. 할아버지부터 수집해 온 물건을 아들이 이어받았고, 지금은 손자가 운영하고 있다. 대를 이어 운영하는 데 도움이 된 것은 법인 설립이었다.

얼굴박물관도 어려움이 있었다. 문화예술과 문화산업의 일환으로 2002년부터 준비해서 2004년 개관을 했지만 정부의 복지정책으로 국·공립 박물관이 무료화되면서 사립박물관과 미술관들이 하나둘 문을 닫아야 했다. 얼굴박물관 역시 경영난에 처했다. 박물관과 미술관은 입장료와 후원금으로 운영되는데 정부 정책으로 사립박물관의 입장료 수입은 급격히 떨어졌고, 아직 박물관 문화가 걸음마 단계인 한국의 풍토에서 후원금을 마련하기도 쉽지 않았다. 그렇다면 이전 박물관의 개념을 바꿔야 하지 않을까? 김 관장은 박물관을 이전의 전시 개념에서 문화적 휴식 공간으로 방향을 바꾸기로 했다. 옛 문화유산을 만나기 위해서가 아니라 오늘의 문화예술적 창조의식을 공유하는 공간으로 박물관을 구상해 보기로 했다.

1970년대 극단 '자유(自由)'에 있을 때 카페 데아뜨르를 운영한 경험을 떠올렸다. 그리고 21세기형 '카페 데아뜨르, 뮤지엄, 얼굴'을 고안했다. 공연예술과 박물관이 만나고, 거기에 차와 커피를 더하는 만남의 공간.

김 관장은 유연한 사고를 통해 끊임없이 움직이고 있다. 가던 길이 막혔으면 새로운 방향으로 막힌 길을 뚫으면서 쉽게 포기를 하거나 내려놓지 않는다. 이것은 자신이 가꾸어 온 소장품에 대한 애정과 열정일 수도 있지만 크게는 문화와 인간애에 대한 표상일 수도 있다. 평생 예술에 몸담은 예술가로서 인간이 누려야 할 가장 기본적인 향유를 제공하기 위해 쉬지 않고 달리고 있다.

얼굴박물관은 2005년에 처음 방문했을 때보다 더 단단해졌고, 더 섬세해졌으며 더 활기차졌다. 시간이 지나면서 유물은 생명을 얻었고, 그 가치는 더 올라갔다. 단 한 사람의 애정으로 다시 태어나는 모든 사물들, 그 속에 담긴 사연과 이야기들, 굳건히 박물관을 지키고, 이어가는 사람들이 있기에 이름 없는 작은 동네가 깊이를 가지는 것이 아닐까 싶다.

관석헌

얼굴박물관 안에는 관석헌(觀石軒)이라는 옛집이 하나 있다. 시인 김영랑
의 고향이자 고려청자로 유명한 전라도 강진에서 누(樓)마루가 있고, 시
원한 대청이 있는 한옥을 이곳으로 옮겨 왔다. 이 한옥은 김영랑 시인과
같은 가문인 김홍배(金弘培)의 증조할아버지가 100여 년 전에 백두산 적
송(赤松)을 뗏목으로 옮겨 와 경복궁을 중건했던 서울 목수 김춘엽(金春
葉), 허균(許均)을 동원하여 지은 5동 건물 중 안채만을 옮겨 온 것이다.

또한 이곳은 여류화가 김승희(金承嬉)의 생가이기도 하다. 김홍배와 김
승희 화가의 할아버지는 비장 벼슬(지금의 국세청장이나 경찰국장)을 지냈
다고 하여 '김비장택'으로도 알려져 있던 이 집은, 원래 상량문에는 장춘
실(長春室)로 명명되어 있었으나 이번에 옮겨 오면서 관석헌이라고 다시
이름 붙었다.

관석헌

21

서행구간
신비한 마법 책방

하늘에서 별사탕이 내리고, 뽀송뽀송한 꽃구름을 타고 어디든 갈 수 있는 곳, 멋진 연인을 만나 시간의 굴레에 얽매이지 않고 달콤한 사랑을 속삭이는 곳, 우주선을 타고 광활한 우주를 맘껏 누비거나 깊은 해저 속을 항해하는 곳. 상상의 세계는 끝이 없다.

어릴 때 동화책을 읽은 날이면 꼭 꿈을 꾸었다. 동화 속 이야기가 끊임없이 펼쳐지는 꿈속에서 나는 주인공도 되었다가 관찰자도 되었다가 원작과 상관없는 이야기를 새롭게 꾸며 내기도 했다. 이부자리에 누워 잠들기 전에 천장을 바라보며 그날 읽은 이야기들을 떠올리다가 잠이 들면 꼭 이런 꿈을 꾸었다. 다음 날 꿈이 깨면 무척 아쉬웠지만 혼자 있을 때면 늘 상상을 하곤 했다.

상상으로 그린 주인공에 너무 몰입하다 보면 나도 모르게 주인공의 대사가 입 밖으로 나오기도 했다. 이 버릇이 성인이 돼서까지 이어질 줄 몰랐다. 버스나 지하철을 타고 갈 때 어떤 이야기든지 만들어 냈고, 등장인물들의 대사를 나지막이 읊조리곤 했다. 그러다 퍼뜩 놀라 주변을 두리번거렸다. 혼잣말 하는 사람은 이상한 사람이니까.

무엇을 상상해도, 주인공이 되어 혼잣말을 해도 전혀 이상하지 않은 곳. 보라색 문을 열고 들어가면 마법 같은 세계가 현실이 되는 곳이 있다. 바로 서행구간이다.

꿈을 여는 보라색 문

정체를 알 수 없다. 아니 정체를 알 필요가 없다. 책이 있고, 책을 찾아오는 사람들이 있고, 꿈을 잃어버렸거나 놓쳤거나, 아니면 다시 새로운 꿈이 필요한 사람들이 마법에 걸린 것처럼 들어서는 곳. 위안과 안식, 편안함과 위로는 벽면 가득 책들을 진열한 주인장이 거는 마법이다. 보라색 문을 밀고 들어오는 순간 모든 손님들은 주인이 거는 이 마법에 걸린다.

한때 책을 눈으로 읽었다. 눈으로 읽은 책은 세상을 바라보는 시각이 되었고, 사람과 소통하는 길이 되었다. 하지만 눈으로 익힌 세상은 쉽게 다가갈 수 없었다. 뜨겁게 타오르는 열정도 없었고, 치열하게 자신과 싸우려는 용기도 없었다. 사람과의 소통의 다리는 용무가 끝나면 신기루처럼 사라져 버렸다. 책을 다시 펼쳤을 때 눈이 아닌 마음으로 읽혔다. 사람과의 관계는 소통이 아닌 애정으로 변했고, 세상은 살아갈 만한 가치들로 넘쳐났다.

수필가인 책방 주인에게는 어린왕자의 시선이 담겨 있다. 그녀가 진열해 놓은 책들과 잠시 쉴 수 있는 의자와 무엇이든 다 털어놓게 만드는 그녀의 따뜻한 차 한 잔이 눈이 아닌 마음으로 책을 읽게 만든다. 퇴촌의 작은 동네 책방인 서행구간이 가진 힘이다.

책과 담을 쌓은 아이가 구경 삼아 책방 문을 열었다. 그리고 책을 읽기 시작했다. 책에 대한 태도가 변했고, 성격도 밝아졌다. 그리고 이전까지 없었던 장래 희망도 생겼다. 아이의 꿈은 심리학자. 사람들의 이야기를 들어주고, 위로해 주고 싶단다.

무심코 책방 문을 연 아이의 인생은 주인을 만나면서 바뀌었다. 책방 주인의 제자가 되어 매주 글쓰기를 배운다. 글쓰기는 단순히 글감을 찾고, 구성을 하고, 문장을 다듬는 것이

아니다. 삶에 대한 태도, 세상에 대한 이해를 넓히는 훈련이
다. 그래서 훌륭한 스승 아래에 훌륭한 제자가 있는 것이다.
아이는 서행구간의 따뜻한 입김을 천천히 익히고 있다.

퇴촌 최초의 문화 살롱

2020년 퇴촌 작은 마을에 동네 책방이 문을 열었다. 열다섯
살부터 마음속으로만 품어 왔던 책방을 드디어 열게 되었다.
책방을 하겠다고 했을 때 주변에서 전부 말렸다. 있는 서점도
문을 닫는 시점에 책방이라니. 그것도 번화가가 아닌 한적한
작은 마을에. 그러나 그녀는 더 미룰 수가 없었다. 남편의 응
원이 있었고, 인생의 후반전을 위해 하고 싶은 일을 하게 하는
작은 용기는 덤이었다.

동네 책방 서행구간 로고 남편이 아이디어를 냈고, 디자인을 전공한 아들이 디자인을 했다.
책방 이름은 아내를 믿어주는 남편이 지었다. 여태까지 생활에 치여 바쁘게 살아왔으니 이제
는 무거운 것 좀 내려놓고 천천히 가자는 의미였다. '서행구간', 이름처럼 책방이 삶에 필요한
서행구간이길 바라고 있다.

책방 이름은 아내를 믿어 주는 남편이 지었다. 여태까지 생활에 치여 바쁘게 살아왔으니 이제는 무거운 것 좀 내려놓고 천천히 가자는 의미였다. 그녀 역시 동의했다. '서행구간', 이름처럼 책방이 삶에 필요한 서행구간이길 바라고 있다.

그녀는 책방이 그저 책을 팔고 사는 곳이길 원하지 않는다. 책이 오고가고, 사람의 마음이 오고가고, 그러면서 문화의 중심이 되기를 바란다. 실제로 그녀는 책방 프로그램을 짰다. 책방을 오픈하고 찾아온 사람들의 재능기부를 통해 동네 책방은 마을의 문화 중심이 되었다.

서행구간 내부 책을 구입한 후 편안한 의자에 앉아 차를 마시며 책을 읽을 수 있는 공간이 있다. 굳이 책을 사지 않더라도 차만 마시고 가도 되고, 아니면 책방 주인과 마주 앉아 누구에게도 털어놓지 못한 속내를 쏟아내어도 된다. 그동안 짊어지고 살았던 삶의 무게를 조금씩 내려놓는 연습을 하도록 해 주는 곳이 서행구간이다.

작가의 문학 강연은 물론이고, 소믈리에, 대금 연주, 통기타 뮤지션, 첼로, 피아노 연주 등 서행구간을 찾는 단골손님들로 짜인 프로그램을 통해 동네가 풍성해지고 있다.

좋은 곳은 소문이 빠른 편이다. 어떻게 알았는지 지방에서까지 책방을 구경하기 위해 찾아온다. 멀리 대구에서 온 사람은 은퇴 후 책방을 계획하고 있었다. 그녀에게 책방을 운영하는 데 필요한 조언을 구했다. 그녀의 대답은 간단했다.

"사람에 대한 애착이 먼저 있어야 합니다."

돈을 벌고 싶으면 다른 것을 하라고 했다. 서점은 세대 간의 이질감이 없는 공간이다. 어린아이부터 청소년, 청년, 중년, 장년까지 함께 있어도 전혀 어색하지 않은 공간이다. 카페나 식당은 연령대에 따라 주로 찾는 곳이 다르지만 동네 책방은 그렇지 않다. 제한된 공간에서 각기 다른 세대를 이어 주고, 서로 정서를 느끼고, 공감하는 곳이다. 그녀는 이 점을 강조한다. 동네 책방의 주인도 책방의 한 부분이라고. 그러기에 책방을 찾는 고객들이 소중하다.

사라진 동네 책방

한때 대한민국은 독서하는 사람들로 넘쳐났었다. 버스를 타면 저마다 책을 읽고 있었다. 약속 장소에 먼저 도착한 사람은 기다리는 동안 책을 읽었다. 1980년대까지 각종 잡지가 매월 몇 만 부씩 팔렸고, 시집을 출간하고 아파트를 산 시인도 있었다.

1990년대까지도 그나마 책이 많이 팔렸다. 21세기가 되고 얼마 있지 않아 지방 중소서점은 하나둘 문을 닫았다. 직거래를 하던 출판사 영업사원들은 지방을 돌며 서점에 남아 있는 책들을 회수하기에 바빴다. 외상거래였기 때문에 회수하지 못한 서점의 책은 그대로 부채로 떠안을 수밖에 없었다.

수십 년간 발행했던 잡지들도 하나둘 폐간했다. 2000년대에 잡지를 창간하면 바로 망한다는 얘기가 있었다. 파산신청을 한 출판사들도 늘어났다. 결제대금을 못 받은 지업사, 인쇄소, 제본소들이 출판사 창고에 쌓인 책들을 압류했다. 중견 유명 출판사는 지급을 못 받은 인쇄소들이 연합하여 출판사를 인수하기도 했다.

중소서점도 이럴 지경인데 소규모 동네 책방은 어떨까? 동대문에 있는 도소매 업체가 무너지고, 그나마 학습지로 연명하던 동네 책방도 사라졌다. 대형 서점이라고 해서 따로 재주가 있었던 것도 아니다. 1907년에 종로에 처음 개점한 종로서점은 2002년 최종 부도로 화려했던 책의 시대의 막을 내렸다. 대한민국 대표 서점이었던 종로서점이 문을 닫고 이어서 다른 서점들도 경영난에 버티지 못하고 문을 닫았다(종로서점은 2017년 종각역에 다시 부활했다).

시대가 변한 것일까. 온라인 서점을 통해 책이 유통되고, 중고서점이 속속 생겨났다. 동대문 중고서적 거리는 없어졌는데 대형 서점에서 운영하는 중고서점은 늘어나고 있다. 출판사는 중고서점 때문에 신간이 팔리지 않는다고 한다. 초판 1쇄를 찍고, 재쇄를 찍어야 이윤이 나는데 중고서점으로 유통되는 신간 때문에 재쇄를 찍을 수 없다는 얘기다.

책과 커피가 만나 북카페가 생겼다. 제법 규모가 있는 출판사는 자구책으로 북카페를 운영하는 곳도 있다. 파주에 있는 한 출판사는 광화문에 작은 극장을 운영하기도 한다. 책만이 아니라 문화를 상품으로 팔기 시작했다. 온라인 서점도 책만으로는 운영이 어려워 여행, 영화, 공연 티켓 구매 대행 서비스를 병행하고 있다. 오프라인 서점은 온전히 책만 있지 않다. 편하게 앉아서 책을 볼 수 있는 테이블과 의자를 구비했고, 간단한 브런치를 즐길 수도 있다. 서점이 변화하고 있다. 출판사에도 변화의 물결이 일었다. 1인 출판사가 생겨났고, 개성이 넘치는 자기만의 책을 출판하는 독립출판이 나타났다.

이제 버스나 지하철을 타면 책을 펼쳐 읽는 사람을 볼 수 없다. 그러나 사람들은 아직 책을 읽고 있다. 전자책이 등장했고, 전자책 단말기나 휴대폰으로 전자책을 구매하여 읽는다. 소규모 독서모임도 SNS를 통해 활발히 운영되고 있다. 하지만 여전히 동네 책방은 찾아보기 어렵고, 있다고 하더라도 학습지 위주이다. 서행구간에는 학습지가 없다. 내가 들어가 본 책방 중에 유일하게 학습지를 비치하지 않은 곳이다. 서행구간 주인은 왜 이런 험한 시기에 책방을 차린 것일까. 그리고 먼 거리를 마다하지 않고 사람들은 그녀의 책방을 찾아오는 것일까.

좋아하기에, 진정 좋아서 하기 때문에

서행구간에 비치되어 있는 책들을 보면 특이한 점을 발견할 수 있다. 첫째, 참고서가 눈에 보이지 않는다. 둘째, 독립출판 서가가 따로 있다. 그리고 가장 중요한, 그녀가 직접 쓴 리뷰가 달린 책을 만날 수 있다. 그녀는 책을 좋아한다. 책을 좋아하기에 수필가도 되었고, 책방도 열었을 것이라고 생각할 수 있지만 조금만 더 깊이 생각해 보자. 그녀는 '소통'에 방점을 찍는다. '어떻게 사람들과 소통하는가'가 중요하다고 말한다.

그녀는 서행구간에 입고된 책을 읽는다. 다 읽고, 손글씨로 직접 리뷰를 쓴다. 그녀가 쓴 리뷰는 책 표지를 감싸는 띠지가 된다. 그녀의 리뷰는 독자들의 지도 역할을 한다. 그리고 세상에 하나밖에 없는 책이 된다.

그녀가 소통하는 또 다른 하나는 손편지다. 서고에는 표지를 볼 수 없도록 미리 포장을 해둔 책들이 있다. 그 속에는 그녀가 전하는 손편지가 들어 있다. 책을 사간 독자는 책을 읽다 만나는 뜻밖의 손편지에 감동을 받는다. 손편지 내용은 책의 주제와 관련된 그녀의 에피소드로 채워진다. 어떤 독자는 친구의 비밀 편지를 받는 느낌이라고 하고, 또 어떤 독자는 생전 처음 손편지를 받았다며 다음 손편지를 기대하며 열심히 책을

하나뿐인 띠지 책방 주인은 읽은 책의 리뷰를 적어 책에 띠지를 둘렀다. 책방을 찾은 사람들은 어떤 리뷰보다 주인이 직접 쓴 리뷰를 신뢰한다. 책만 구입하고 띠지는 돌려줘야 하는데 대부분의 손님들이 주인의 리뷰를 함께 간직하고 싶어 한다.

읽고 있다고 한다. 인쇄물로는 전달되지 않는 손편지만의 정서가 독자에게도 전달되었을 것이다.

이 모든 것을 그녀는 '좋아서, 진정 좋아하기에' 가능하다고 한다. 좋아서 하는 일은 못할 것이 없다. 그것이 힘이다. 무한 긍정의 힘. 남들이 이해할 수 없고, 불가능할 거 같은 것들도 목적의식 없이 무작정 좋아서 하게 되면 가능하게 된다. 그녀의 긍정 에너지가 서행구간을 찾는 사람들에게 행복 바이러스처럼 번지고 있다.

마을의 문화 중심이 된 서행구간 주인장은 책방이 그저 책을 팔고 사는 곳이길 원하지 않는다. 책이 오고가고, 사람의 마음이 오고가고, 그러면서 문화의 중심이 되기를 바란다. 실제로 그녀는 책방 프로그램을 짰다. 책방을 오픈하고 찾아온 사람들의 재능기부를 통해 동네 책방은 마을의 문화 중심이 되었다.

탐나는 서행구간

그녀의 하루는 바쁘다. 책을 주문하고, 광주시 서점 주인들과도 연계해야 하고, 프로그램도 짜야 하고, 원고 청탁도 쳐내야 한다. 그러나 그녀에게 가장 소중한 것은 책방을 찾아오는 손님이다. 아무리 바빠도 손님과의 소통을 최우선으로 한다. 서행구간을 찾는 어린 손님들의 이름을 그녀는 다 외우고 있다. 단골이건 아니건, 책을 구매하건 안 하건 상관없다. 그녀에게는 사람이 소중하고, 소통이 우선이기 때문이다.

엄마의 책방 개점을 걱정하던 아들은 이제 응원을 아끼지 않는다. 그런데 아들보다 서행구간을 더 탐내는 이들이 있다. 조카들. 조카들은 시간이 될 때마다 서행구간을 찾아온다. 그리고 조카들 역시 동네 책방을 여는 것이 목표가 되었다.

그녀가 1990년대 말 처음 퇴촌으로 들어왔을 때 반딧불이가 정말 많았다. 저녁에 산책을 나가면 어깨에 반딧불이가 자연스레 앉을 정도였다. 하지만 지금은 반딧불이를 볼 수 없다. 그만큼 개발이 된 탓도 있겠지만, 세상이 변하고, 사람이 변하면서 그만큼 여유가 없어진 이유도 있을 것이다.

그녀가 아침마다 서행구간의 보라색 문을 여는 것은 가로등을 켜는 것과 같다. 이제는 사라진 반딧불이, 그녀의 가로등은 사라진 반딧불이처럼 작지만 멋진 시절을 추억하게 하는 마법을 지녔다. 경기도 광주 퇴촌의 작은 마을에서 시작된 가로등 하나, 다시 살아난 반딧불이. 온 세상이 맑고 깨끗한 마음에서 활짝 빛나는 반딧불이촌이 되면 좋겠다.

참고 자료

이민수 역, 『삼국유사』, 을유문화사, 1991.

이병훈 역, 『삼국사기』, 을유문화사, 1991.

이승수, 『거문고 줄 꽂아 놓고』, 돌베개, 2006.

이호관, 『범종』, 대원사, 1989.

『광주시사』, 광주문화원, 2010.

『광주지명유래』, 광주문화원, 2019.

『남한산성 옛길』, 위례역사문화연구소, 2018.

『너른고을 광주 문화유산』, 광주시, 2019.

『너른고을 광주 인물전』, 광주문화원, 2013.

『너른고을 옛이야기』, 광주문화원, 2008.

『습지의 이해』, 경안천 시민연대 생태아카데미, 2008.

『중 정남한지』, 광주문화원, 2005.

『한국의 산성』, 한국콘텐츠진흥원, 2018.

『한국민족문화대백과』, 한국학중앙연구원, 1991.

『해공 신익희 일대기』, 해공신익희선생기념회, 1984.

『실학자의 서재, 순암 안정복의 책바구니』, 국립중앙도서관, 2012.

경기 광주 연표

B.C 6년
백제 온조왕 13년
위례성(현 서울)에서 서부면
춘궁리(현 하남시)로 천도.
'하남위례성(河南慰禮城)'이라 부름

1394년
망월사(望月寺) 창건

940년
고려 태조 23년
지금의 명칭인
광주(廣州)로 개칭

983년
고려 성종 2년
광주목(廣州牧)을 둠

370년
근초고왕 25년까지
376년간 백제의 도읍지

1626년
인조 4년
남한산성 축성

1755년
사옹원 분원 제조나
번조관을 위해
선정비 건립

1593년
선조 26년
남한산성이란 명칭이
『조선왕조실록』에
처음 나옴

1672년
현종 13년
지수당 건립

1667년
현종 8년
서흔남 비석 세움

1577년
선조 10년
광주부(廣州府)로 승격

1624년
인조 2년 개원사,
장경사 등 여덟 개
사찰 창건

1706년
송파장 개설

1779년

정조 3년 천진암에서
이벽을 비롯하여
이승훈, 정약용 등이
천학 강학

1979년

광주면에서
광주읍으로 승격

1998년

일본군 '위안부'
역사관 개관

1801년

신유박해

1973년

팔당댐 완공,
경안천 습지생태공원
자연 발생

1993년

천진암대성당
정초식 거행

2003년
분원백자자료관 개관

2014년
남한산성
유네스코 세계 문화유산 지정

2010년
경안시장 정비사업

2012년
중대물빛공원 개장

2001년
광주군에서
광주시로 승격

2017년
경기 세계 도자비엔날레
개최

2009년
광주시 송정동
신청사 개청

대한민국 도슨트 14

경기 광주

1판 1쇄 인쇄 2024년 2월 20일
1판 1쇄 발행 2024년 2월 27일

지은이 황병욱
펴낸이 김영곤
펴낸곳 ㈜북이십일

TF팀 이사 신승철
TF팀 이종배
출판마케팅영업본부장 한충희
마케팅1팀 남정한 한경화 김신우 강효원
출판영업팀 최명열 김다운 권채영 김도연
제작팀 이영민 권경민
지도 일러스트 최광렬
디자인 씨오디

출판등록 2000년 5월 6일 제406－2003－061호
주소 (10881) 경기도 파주시 회동길 201(문발동)
대표전화 031－955－2100 팩스 031－955－2151 이메일 book21@book21.co.kr

(주)북이십일 경계를 허무는 콘텐츠 리더

대한민국 도슨트 채널에서 도서 정보와 다양한 영상자료, 이벤트를 만나보세요!
포스트 post.naver.com/travelstudy21
인스타그램 www.instagram.com/k_docent

ⓒ황병욱, 2024

ISBN 979－11－7117－469－0 04900
     978－89－509－8258－4 (세트)

책값은 뒤표지에 있습니다.
이 책 내용의 일부 또는 전부를 재사용하려면 반드시 ㈜북이십일의 동의를 얻어야 합니다.
잘못 만들어진 책은 구입하신 서점에서 교환해 드립니다.